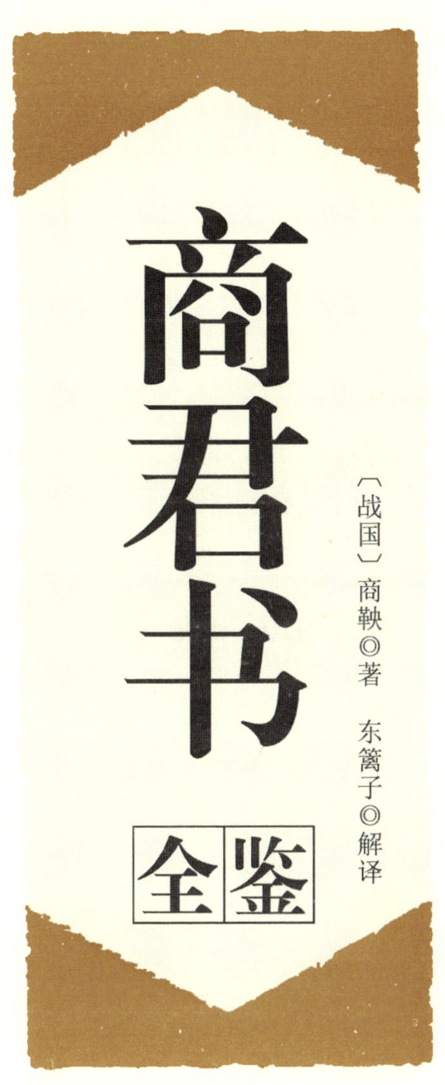

商君书全鉴

〔战国〕商鞅◎著
东篱子◎解译

中国纺织出版社有限公司
国家一级出版社
全国百佳图书出版单位

内 容 提 要

《商君书》也称《商子》，现存24篇。《商君书》是战国时期法家学派的代表作之一，是中国家喻户晓的人物商鞅及其后学的著作汇编。该书解决了在当时条件下实行变法的理论基础问题，提出了变法的几大原则，既有宏观理论阐述，也有具体的法令军规，至今仍有借鉴意义。

图书在版编目（CIP）数据

商君书全鉴 /（战国）商鞅著；东篱子解译．-- 北京：中国纺织出版社有限公司，2020.6

ISBN 978-7-5180-7383-2

Ⅰ．①商… Ⅱ．①商… ②东… Ⅲ．①商鞅变法②《商君书》—译文③《商君书》—注释 Ⅳ．① B226.2

中国版本图书馆CIP数据核字（2020）第076596号

策划编辑：史 岩　　责任编辑：曹炳镝
责任校对：楼旭红　　责任印制：储志伟

中国纺织出版社有限公司出版发行
地址：北京市朝阳区百子湾东里A407号楼　邮政编码：100124
销售电话：010-67004422　传真：010-87155801
http://www.c-textilep.com
中国纺织出版社天猫旗舰店
官方微博 http://weibo.com/2119887771
佳兴达印刷（天津）有限公司印刷　各地新华书店经销
2020年6月第1版第1次印刷
开本：710×1000　1/16　印张：15
字数：159千字　定价：48.00元

前言

《商君书》又称《商君》《商子》，现存24篇，是战国时期商鞅及其后学的思想言论汇编，也是中国古代法家学派的重要代表作品之一。

商鞅（约公元前395年—公元前338年），战国时代政治家、改革家、思想家，法家代表人物，卫国人，卫国国君的后裔，姬姓公孙氏，故又称卫鞅、公孙鞅。后因在河西之战中立功获封商于十五邑，号为商君，故称为商鞅。

公元前361年商鞅入秦，得到秦孝公重用。在商鞅主持与推动下，秦国围绕富国强兵的目标，实行了极大的政治改革，在短短的时间内，使秦国强大崛起，为后来统一中国奠定了坚实的基础。

《商君书》的重要内容，主要表现为：建立了土地制度、户籍制度、税收制度、军工爵位、度量衡以及民风民俗；经济上主张重农抑商、奖励耕织等，并积极推行农战，实行依法治国，赏罚结合、以刑去刑等。尤其宝贵的是除去弊端，大胆革新。

商鞅以犀利敏锐的视角，认识到每个朝代都各具其时代的政治特点，要使国家由小到大、由弱变强，就必须根据当时的历史形势和条件进行改革，认为现实社会的出路不在于法古，而在于变法更礼。“圣人不法古，法古则后于世”便鲜明地反映了这一发展变化的历史观。

农战思想是《商君书》的重要主旨，商鞅认为，实行农战结合是国家兴旺之根本。农业是人们的衣食之源，是安定社会秩序，巩固封建统治的前提条件。农耕为攻战之本，因为农业生产为战争提供了物质基础，使人民致力于农耕，避免游走，安土重居，为保卫国土而战。本书清晰阐明了农、战结合是实现富国强兵、统一天下的根本途径。

法治是商君思想的核心，在法家诸多流派中，商鞅以重视法律而独成一家。虽也谈术与势，但其法制理论更为细密。他指出：“刑生力，力生强，强生威，威生德；德生于刑。”提倡一视同仁地执行法律，破除“刑不上大夫、礼不下庶人”的古法，并且按照“农战”这一途径，明确地论功行赏，赏罚分明，即“赏随功，罚随刑”，使法律建立于对每个人的公平之中。

《商君书》的许多篇章都涉及到军事，商鞅认为战国时代是武力征伐的时代，“万乘莫不战，千乘莫不守”。在这个特殊的历史条件下，战争直接关系到国家的生死存亡，要立足并称王于天下，就必须从事战争。本书指出，“四战之国贵守战，负海之国贵攻战”，就地理位置和环境国家战事影响作出了说明，即四面受敌的国家必须注重防守，背靠大海的国家，由于没有纵深回旋的余地，可采取进攻的策略。另外还阐明了防守要拼命顽强和以逸待劳，以及善于把参战的人员，根据男女老少的不同特点加以组建。由此，从军事的角度诠释了防御的策略和方法。

《商君书》虽然文字不多，但蕴含的内容丰富，其中涉及经济、政治、军事、法治等诸多重大问题，可谓洋洋大观。可以说，该书是当时历史条件下实行变法的重要理论基础，其宏观的理论阐述，以及具体的法令军规，至今仍有借鉴意义。

为了便于读者轻松地阅读，本书对这部典籍分别划分为题解、原文、注释、译文共四个板块，力求使原本艰涩难懂的古文变得通俗易懂，以便让您更加便捷地了解原著。

目录

一、更法

【本篇简介】

本篇为“商君书”的首篇，集中反映了秦国政治家、改革家、思想家商鞅的更法思想。主要讲述了秦国实行变法前，以革新派商鞅与保守派甘龙、杜挚为代表的两派，围绕该不该变法，以及为什么要变法的问题展开的斗争。该篇揭示了君主的治国之道，即欲治理好国家，必须顺应历史潮流，积极变法更礼。秦孝公最终被商鞅的变法思想说服，逐步实施了变法更礼的治国举措。

【原典】

孝公平画①，公孙鞅、甘龙、杜挚三大夫御于君②。虑世事之变，讨正法之本，求使民之道。

君曰：“代立不忘社稷③，君之道也；错法务明主长④，臣之行也。今吾欲变法以治，更礼以教百姓，恐天下之议我也。”

公孙鞅曰：“臣闻之：‘疑行无成，疑事无功。‘君亟定变法之虑，殆无顾天下之议之也。且夫有高人之行者⑤，必见非于世；有独知之虑者，必见骜于民[6]。语曰：‘愚者暗于成事，知者见于未萌[7]。民不可与虑始，而可与乐成。’郭偃之法曰[8]：‘论至德者不和于俗，成大功者不谋于众。’法者所以爱民也，礼者所以便事也。是以圣人苟可以强国，不法其故；苟可以利民，不循其礼。”

孝公曰：“善！”

【注释】

①平画：评议谋划。

②御：侍奉。

③代立：亦作“代位”，继立为君；立同“位”。社稷（jì）：天下。

④错：同“措”，施行之意。

⑤高人：超世俗的人，多指隐士；也有“过人”解。

⑥骜：误解。

⑦未萌：没有显露。

⑧郭偃（yǎn）：晋国大夫，掌卜也，献公、文公间人。

【译文】

秦孝公与公孙鞅、甘龙、杜挚三位大臣一起研讨强国大计。分析社会形势的变化，修正国法的本质，寻求管理民众的规律和方法。

秦孝公说：“继承了王位而心怀天下大事，是君主应当奉行的原则；实施变法务必显示出国君的权威，这是做臣子的本职。现在我想通过变更法度来治理国家，改变习俗礼仪来引导百姓，可

又担心天下的人会非议我的决定。”

公孙鞅说：“我曾听过这样一句话：行动迟疑不会有什么成就；办事犹豫不决不会有功效。国君既然决定谋划变法大事，就不要顾虑天下人的非议。何况超凡脱俗的人，本来就会被一些人所非议；具有独到见解的方案，一定会被无所事事的人所误解。谚语说：‘缺乏智慧的人，成事之后也不知道原因，拥有智慧的人，在事物尚未明朗的初期，就能预测到发展的趋势。’所以大事开始前，与一般的人讨论和谋划是否行动是没必要的，但可以和他们分享事情成功的喜悦。郭偃的文章里说：‘讲究崇高道德的人，不去附和那些世俗的偏见。成就大功业的人是不会和一般人谋划的。’法制的根本是爱护百姓。礼制的根本是便利做事。所以圣明者认为，只要能够使国家富强，就不必去沿用旧有的法度。

只要能够使百姓得到好处，就不必去遵循旧的礼制。”

孝公说：“好！”

【原典】

甘龙曰：“不然。臣闻之：‘圣人不易民而教①，知者不变法而治。’因民而教者②，不劳而功成；据法而治者，吏习而民安。今若变法，不循秦国之故③，更礼以教民，臣恐天下之议君，愿孰察之④。”

公孙鞅曰：“子之所言⑤，世俗之言也。夫常人安于故习，学者溺于所闻⑥。此两者，所以居官而守法，非所与论于法之外也。三代不同礼而王⑦，五霸不同法而霸。故知者作法，而愚者制焉⑧；贤者更礼，而不肖者拘焉。拘礼之人不足与言事，制法之人不足与论变。君无疑矣。”

杜挚曰：“臣闻之：‘利不百，不变法；功不十，不易器⑨’。臣闻：‘法古无过，循礼无邪⑩。君其图之！’”

【注释】

①易民：改变民俗。

②因：依据，遵照。

③故：老规矩；指旧制度。

④孰察：仔细考虑。

⑤子：这里指甘龙。

⑥溺（nì）：淹没；溺于所闻，指局限于自己的见闻。犹如淹没

在水里一样，看不到外面的事物。

⑦三代：夏、商、周三个朝代。

⑧制：指制裁、约束之意。

⑨易器：更换器物。

⑩邪：偏差。

【译文】

甘龙说：“不对。我听说：‘圣人不改变百姓的习俗来施行教化，明智的人不改变旧有的法度来治理国家。’遵循百姓旧有的习俗来施行教化，不费什么力就能成功；依据过去的法度来治理国家，官吏既熟悉礼法，百姓也安定。现在如果变法，不遵循秦国的老规矩，而要更改一套礼制来教化百姓，我担心天下的人要非议您了。希望国君仔细考虑这样的事。”

公孙鞅说：“您所说的这些话，不过是世俗人说的一些话罢了。一般的人总是安于守旧，而那些读死书的人往往局限于他们听说的旧见解。这两种人，只能让他们做官守成，不能同他们讨论变革法制的大事。夏、商、周这三朝礼制各不相同，却都能称王于天下；春秋五霸各自的法制不同，却能先后称霸于诸侯。所以聪明的人能创立法度，而愚蠢的人只能守法。贤能的人能够变革礼制，而没有才能的人只能受礼制的束缚。受制于旧的礼法的人，不能够同他商讨国家大事。被旧法限制的人，不能同他讨论变法。君上您不要迟疑了。”

杜挚说：“我听说：‘如果没有百倍的好处就不要改变旧法度，

如果没有十倍的功效不要更换旧工具。’我还听说：‘遵守古代法制没有什么过错，依照旧的礼制不会出现偏差。’希望国君对这件事仔细考虑。”

【原典】

公孙鞅曰：“前世不同教，何古之法？帝王不相复[①]，何礼之循？伏羲、神农，教而不诛；黄帝、尧、舜，诛而不怒[②]；及至文、武[③]，各当时而立法，因事而制礼。礼、法以时而定；制、令各顺其宜；兵甲器备，各便其用[④]。臣故曰：治世不一道，便国不必法古[⑤]。汤、武之王也[⑥]，不修古而兴；殷、夏之灭也，不易礼而亡。然则反古者未必可非，循礼者未足多是也[⑦]。君无疑矣。”

孝公曰：“善！吾闻

穷巷多怪[⑧]，曲学多辩[⑨]。愚者之笑，智者哀焉；狂夫之乐，贤者丧焉。拘世以议，寡人不之疑矣。”于是遂出垦草令[⑩]。

【注释】

①不相复：指不用同样的礼教。

②诛：杀。怒：凶暴。

③文、武：指周文王、周武王。

④兵：兵器。甲：铠甲。

⑤便国：为国家谋利益。

⑥汤、武：指商汤、周武王，是商周的开国君王。

⑦未足多是：不值得多加肯定。

⑧穷巷：偏僻小巷。

⑨曲学：见识不广。

⑩垦草令：开垦荒地的法令。

【译文】

公孙鞅说：“前朝的政教各不相同，应该去效法哪个朝代的呢？古代帝王的法度不相互因袭，又该遵循哪一个礼制呢？伏羲和神农，注重教化而不施行诛杀，黄帝、尧、舜虽然施行诛杀但却不过分。到了周文王和周武王的时代，他们各自顺应时势而建立法度，依据国家实际情况制定礼制。礼制和法度都要根据具体情况来制定，法制、命令也要因时制宜，各种兵器、铠甲、器具的制造都要方便使用。所以说：治理国家不一定限于一种方式，只要对国家有利就不一定非要效法古代。商汤、周武王称王于天下，并不是因为遵循古代法度而兴旺，殷朝和夏朝的灭亡，也不是因为更改旧的礼制才覆亡的。可见，违反旧的法度的人，不一定就该遭受责难；遵循旧的礼制的人，不一定值得赞扬。请国君不要再迟疑了。”

孝公说：“说的好。我听说，从偏僻小巷走出来的人好少见多怪，见识不广的人多喜欢诡辩，愚昧的人所高兴的事，正是聪明人所感到可悲的事。狂妄的人称快的事，正是有才能的人所忧虑的事。对于那些拘泥于世俗偏见的议论言词，我不再因它们而疑惑动摇了。”于是，孝公颁布了关于开垦荒地的命令。

二、垦令

【本篇简介】

垦令，是鼓励开垦荒地的草案。放到现在而言，可推而广之地理解为一切与土地相关的法令。此案虽然条目繁多，但全部围绕开垦荒地而展开。本篇共分两方面内容，一是有关垦荒法令的内容，共有二十条法令，二是对法令的论证和解释。可以说，中国古代社会发展史，从某种程度上而言，就是一部土地开垦发展史，在历朝历代的更迭过程中，土地问题一直在其中起着举足轻重的作用。因此垦令的地位不言而喻。

【原典】

无宿治①，则邪官不及为私利于民。而百官之情不相稽②，则农有余日；邪官不及为私利于民③，则农不败④。农不败而有余日，则草必垦矣。

訾粟而税⑤，则上壹而民平⑥。上壹，则信；信，则臣不敢为邪。民平，则慎；慎，则难变。上信而官不敢为邪，民慎而难变，则下不非上，中不苦官[⑦]。

下不非上，中不苦官，则壮民疾农不变。壮民疾农不变，则少民学之不休[⑧]。少民学之不休，则草必垦矣。

【注释】

①宿：过夜为宿；此指拖延积压之意。

②不相稽：指没有相互交流的机会。稽，探讨稽查。

③邪官：邪恶的官吏。

④不败：不遭受挫折败坏。

⑤訾（zī）：同“赀”，计算、估量之意。税：指田租。

⑥壹：公平、统一。

⑦中不苦官：中指官吏；中不苦官：官员不计较职责劳累。

⑧少民：年少农民。

【译文】

官吏没有拖延不办的事，奸邪的官吏就来不及到百姓中寻求私利。而百官对办事不相互稽查延迟，农民就会有空闲的时间。奸邪的官吏没有时间到百姓中谋取私利，农民就不会受到损害。农民不受到损害，就会有充裕时间来从事务农，如此，荒地就一定能得到开垦。

根据粮食产量来计算征税，国家的税制就会统一，百姓承担的赋税会公平。国家的地税制统一，公平对待，百姓就会谨慎做事，而不会生出异心。这样，百姓就不会非议君王，官吏就不会计较

辛劳。百姓不非议君王，官吏不以职责为苦，那么年长的农民就会尽力务农。年长的农民勤奋务农，年少的农民就会不断效仿。年少的民众一直效仿学习，荒地就必然会得到开垦了。

【原典】

无以外权爵任与官[1]，则民不贵学问[2]，又不贱农[3]。民不贵学，则愚；愚，则无外交；无外交则国安不殆。民不贱农，则勉农而不偷[4]。国家不殆，勉农而不偷，则草必垦矣。

禄厚而税多，食口众者[5]，败农者也。则以其食口之数贱而重使之[6]，则辟淫游惰之民无所于食[7]。民无所于食，则必农；农，则草必垦矣。

使商无得粜[8]，农无

得粜[⑨]。农无得粜，则窳惰之农勉疾[⑩]。商不得籴，则多岁不加乐。多岁不加乐，则饥岁无裕利[⑪]。无裕利，则商怯；商怯，则欲农。

窳惰之农勉疾，商欲农，则草必垦矣。

【注释】

①外权：国外权势。

②贵：尊贵、看重。不贵学问：不看重学问。

③不贱农：不以务农为贱。

④勉农不偷：偷：指偷懒。勉农不偷：勤奋于农事而不偷懒。

⑤食口：泛指吃饭的人口；专指官贵豢养的不参与农事的人口。

⑥重使：指加重其徭役。

⑦辟淫游惰：辟同“僻”，指喜好；淫指享乐。此句指追求享乐、游手好闲。

⑧籴（dí）：买入之意。

⑨粜（tiào）：《说文》曰：“粜，出谷也。”

⑩窳（yǔ）惰：懈怠懒惰。

⑪裕利：多余得利。

【译文】

不依靠外国权势来晋爵升官，如此民众就不会看重学问，也不会认为务农是低贱的。民众不认为有学问有用，就会愚笨，愚笨无见识，就不会到外国交游。不到外国交游，国家就会安全。

农民不轻视农业，就会勤于农事而不偷懒。国家安全没有危险，农民尽力务农而不偷懒，荒地就一定能开垦了。

士大夫贵族的俸禄丰厚且收取的租税多，家中的食客也众多，这会危害农业生产。那就要根据他们供养食客的人数，加重收税和徭役，那些游手好闲的人就没地方混饭吃。这些游手好闲的懒惰人没地方混饭吃，就一定务农。人们都去务农，荒地就一定能开垦了。

商人不准售卖粮食，农民不准购买粮食。农民不准购买粮食，懒惰的农民就会努力务农。商人不准售卖粮食，丰年时就不能靠卖粮来增加利润。丰年不能增加利润，那么饥荒之年更没有利润可图。没有厚利可图，商人一定会顾虑经商，就会想务农。懒惰的农民努力从事生产，商人也想去务农，那么荒地就一定能得到开垦了。

【原典】

声服无通于百县①，则民行作不顾②，休居不听。休居不听，则气不淫。行作不顾，则意必壹③。意壹而气不淫，则草必垦矣。

无得取庸④，则大夫家长不建缮⑤，爱子不惰食，惰民不窳，而庸民无所于食，是必农。大夫家长不建缮，则农事不伤。爱子、惰民不窳，则故田不荒。农事不伤，农民益农，则草必垦矣。

废逆旅⑥，则奸伪、躁心、私交、疑农之民不行，逆旅之民无所于食，则必农。农，则草必垦矣。

壹山泽[⑦]，则恶农、慢惰、倍欲之民无所于食。无所于食，则必农。农，则草必垦矣。

贵酒肉之价，重其租，令十倍其朴[⑧]，然则商贾少，农不能喜酣奭[⑨]，大臣不为荒饱。商贾少，则上不费粟。民不能喜酣奭，则农不慢。大臣不荒，则国事不稽，主无过举[⑩]。上不费粟，民不慢农，则草必垦矣。

【注释】

①声服：靡靡之音和华美服饰。

②行作：行走劳作。

③壹：专一，集中。

④庸：佣工。

⑤建缮（shàn）：建筑修缮。

⑥逆旅：客舍、旅店。

⑦壹：统一，意为国家管理。

⑧朴：成本。

⑨酣奭（hānshì）：饮酒过度。

⑩过举：错误的举措。

【译文】

不允许靡靡之音和奇异华美的服饰在地方流行，那么农民在外出劳作时就不会看见华美的服饰，在家里休息时就不会听到靡靡之音。休息时听不到靡靡之音，那么他的精神就不会涣散；劳

动时看不见华美的服饰，就一定会专心在农业生产上。心思专一且意志不涣散，荒地就一定能开垦。

不准聘用佣工，那么卿、大夫、家主就没有办法修建府院房屋。他们娇生惯养的儿女就无法不劳而食，懒惰的人也不能偷懒，那些靠给人作佣工生活的人就无法维生，这样就一定会去务农。卿、大夫、家主不修房建屋，农业生产就不会受到妨碍。卿大夫娇生惯养的儿女和懒汉不再偷懒，那么原本属于他们的农田就不会荒芜，农业生产不受妨碍，农民更加努力从事农业生产，荒地就一定会得到开垦了。

取消旅馆，那些奸邪伪诈、浮躁、喜欢私下交游、不安心务农的人就不会四处外出，开旅馆的人也就没有办法谋生，就一定会去务农。这些人都去务农，那么荒地就一定能开垦。

国家统一管理山林、湖泽，那些讨厌务农、怠慢懒惰、非常贪婪的人就无法维生。无法维生，就一定会去务农，这些人都去务农，那么荒地就一定能开垦了。

把酒肉等奢侈品的价钱抬高，加重收取这些赋税，让租税的数量高出它本钱的十倍，如此，商贩就少了，民众也就不能纵情饮酒作乐，大臣也就不会荒废政事而大吃大喝。经商的人少了，国家就不会浪费粮食。民众不能纵情饮酒作乐，就不会懒惰。大臣不荒废政事，国家的政事就不会拖延，君主也就不会有错误的举措。国家不浪费粮食，农民不懈怠务农，那么荒地就一定能开垦了。

【原典】

重刑而连其罪，则褊急之民不斗[①]，很刚之民不讼，怠惰之民不游，费资之民不作[②]，巧谀、恶心之民无变也[③]。五民者不生于境内，则草必垦矣。

使民无得擅徙，则诛愚[④]。乱农之民无所于食而必农。愚心躁欲之民壹意，则农民必静[⑤]。农静，诛愚、乱农之民欲农，则草必垦矣。

均出余子之使令[⑥]，以世使之，又高其解舍[⑦]，令有甬官食概[⑧]。不可以辟役，而大官未可必得也，则余子不游事人，则必农。农，则草必垦矣。

国之大臣诸大夫，博闻、辨慧[⑨]、游居之事，皆无得为，无得居游于百县，则农民无所闻变见方[⑩]。农民无所闻变见方，则知农无从离其故事，而愚农不知，不好学问。愚农不知，不好学问，则务疾农。知农不离其故事，则草必垦矣。

【注释】

①褊（biǎn）急：脾气急躁。

②费资之民：奢侈浪费的人。

③巧谀：谄媚；恶心：心怀不轨。

④诛愚：单纯、愚钝。

⑤静：安静，安心，指安分本职。

⑥均：指同等对待；余子：古代指卿大夫嫡长子以外的庶子；使令：指徭役相关的命令。

⑦解舍：解指放开、舍指舍弃；战国时期的一种法制用语，指免除兵役或徭役。

⑧甬官：主斗斛之官，掌为徭役之人供给谷米之官；食概：指饮食标准被限制。食指饮食，概指量米粟时刮平斗斛的木板。

⑨辨慧：巧辩。

⑩闻变：听闻形势变化。

【译文】

加重刑罚处罚的措施，性格暴躁的人就不敢争吵，凶狠霸道的人便不敢打斗，懒惰的人也不敢四处游荡，挥霍的人也不会再浪费，花言巧语、心怀不良的人也就不敢再进行欺诈。这五种人在国内不出现，那么荒地就一定能开垦。

下令让百姓不能随便搬迁，那些摇唇鼓舌迷惑农民的人就没有地方混饭吃，就一定会去务农。愚昧、浮躁的人也能专心从事农业生产，农民就一定会安心务农。农民安心务农，愚昧和浮躁的人也去务农，那么荒地就一定能开垦。

统一发布对于庶子徭役的法令，根据其辈分的不同而逐渐加重徭役，并且要提高他们免除徭役的条件，加派官员管制他们的食物供给。这样，饮食被强行限制，徭役也不能避免，而大官又未必可以求得，则庶子们就不会再四处游说或投靠权贵，就一定会从事农业。这些人从事农业，则荒地必然得到开垦。

国家的大臣、诸大夫，不得从事博闻、辨慧、游居等不利农战的行为。无人到处游说居留，那么农民就不会听到奇谈怪论和蛊惑人心的学说。农民听不到异端学说，则有智慧的农民也不会脱离他们原来从事的农业，而那些单纯、愚钝的农民也不会想到提高学识。单纯的农民不好学问，就会积极务农。有智慧的农民不脱离他们的农业，荒地就一定能开垦。

【原典】

令军市无有女子[①]。而命其商，令人自给甲兵，使视军兴。又使军市无得私输粮者，则奸谋无所于伏[②]。盗输粮者不私稽[③]，轻惰之民不游军市[④]。盗粮者无所售，送粮者不私，轻惰之民不游军市，则农民不淫，国粟不劳[⑤]，则草必垦矣。

百县之治一形，则徙迁者不饰[⑥]，代者不敢更其制[⑦]。过而废者不能匿其举。过举不匿，则官无邪人。迁者不饰，代者不更，则官属少而民不劳[⑧]。官无邪，则民不敖；民不敖[⑨]，则业不败。官属少，征不烦。民不劳，则农多日。农多日，征不烦，业不败，则草必垦矣。

【注释】

①军市：军中的市场。

②奸谋：奸，古代专指男女苟且之事，奸谋就是男女苟且之谋想；伏：指隐藏。

③不私稽：倒装句，即私不稽。指盗窃之私行无法得到实施。

④轻惰：轻浮懒惰；游军市：在军市中游荡。

⑤国粟不劳：指国家的粮食不被浪费。

⑥徙迁（xǐqiān）：徙指转任，迁指升迁。饰：粉饰，美化。

⑦代者：继任职位之人。

⑧官属：属吏，从属的官员。

⑨敖：同遨，此指离开耕地。

【译文】

下令军队的市场不得有女子进入，还要命令军内市场上的商人自己给军队准备好铠甲兵器，供军队使用。还要让军队内部的市场不能有私自运输粮食的人，那么奸谋私通之事就无所隐匿。盗运粮食的人就不能私藏偷运来的粮食，轻浮懒惰的人就不能到军中市场上游荡。盗运粮食的人无处出卖，运送粮食的人不能私下囤积，轻浮懒惰的人不能到军市游荡，那么农民就不会被迷惑，国家的粮食就不会亏空和浪费，荒地就一定会开垦了。

各郡县的管理措施必须一致，那么转任或升迁者就不敢随意变更制度。因过失而被罢免者就不能弄虚作假地隐匿错误。错误不能隐匿，则官员中就没有了邪恶之人。升迁者不粉饰，继任者不敢擅自变更制度，则从属官属就会减少，农民负担就不会过重。官吏中没有邪恶的人，农民就不用因躲避邪恶而离开故土。农民不用四处躲避，农业就不会受到影响。

从属的官员少了，征收的赋税就不会多。农民的负担不重，从事农业生产的时间就多。从事农业生产的时间多，税赋也不繁多，农业不受损害，那么荒地必然得到开垦。

【原典】

重关市之赋[①]，则农恶商，商有疑惰之心。农恶商，商疑惰[②]，则草必垦矣。以商之口数使商，令之厮、舆、徒、重者必当名[③]，则农逸而商劳。农逸，则良田不荒；商劳，则去来赍送之礼无通于百县[④]。则农民不饥，行不饰。农民不饥，行不饰，则公作必疾，而私作不荒，则农事必胜。农事必胜，则草必垦矣。

令送粮无取僦[⑤]，无得反庸，车牛舆重设必当名[⑥]。然则往速来疾，则业不败农[⑦]。业不败农，则草必垦矣。无得为罪人请于吏而饷食之[⑧]，则奸民无主。奸民无主，则为奸不勉。为奸不勉，则奸民无朴[⑨]。奸民无朴，则农民不败。农民不败，则草必垦矣。

【注释】

①关市：关口和市场。

②疑：怀疑，疑虑。惰：懒惰。

③厮、舆、徒、重：皆指奴仆。当名：与户口登记相符的人员。

④赍（jí）：馈赠。

⑤取僦（jiù）：收取雇车费用。

⑥舆重：指载重量。

⑦业不败农：运粮不妨害农业。业，运粮之事。

⑧饷（xiǎng）食：送食物给……吃。

⑨朴：来源。

【译文】

加重关口、集市上商品的税收，那么农民就不愿从商，商贾也会生迟疑的念头。农民不愿意经商，商人对自己所从事的产业怀疑，不愿意经商，则荒地必然得到开垦。根据从商的人数向他们摊派徭役，让他们家中砍柴的、驱车的、做学徒的人都登记在册，并且按名册服徭役，那么务农较安逸，而经商劳苦。农民安逸则良田不会荒芜；商人劳苦，则往来馈赠的礼物就不会充斥道路。农民不挨饿，办事不讲什么礼仪客套，他们就一定会对公事专注努力，而私事也不会荒废，那么在农业上的事就会优先做好。农业上的事优先发展了，荒地就一定能开垦了。

规定运粮者不得雇用别人的车辆，返程也不得受雇于人。车、拉车的牛、车在运粮时的载重量，服役时都必须注册登记。这样的话，运粮车就会往返迅速，则不会妨碍农业。运粮不妨碍农业，那么荒地就一定能开垦了。不允许犯罪的人向官吏求情并且给他们送饭吃，那么奸民就没有了依靠。奸民没有了依靠，他们做坏事就得不到撑腰。做坏事得不到撑腰，奸民就没有了靠山的支持者。做坏事的人没有靠山，农民就不会受到侵害。农民不受侵害，那么荒地就一定会得以开垦。

三、农战

【本篇简介】

本篇论述了国家积极从事农耕和作战、抛弃空谈、抑制商业和手工业泛滥对于强国的必要性。从正反两个方面论述了农战政策，并从九个方面论述了农战的重要性，提出要根据民众在农战中的功绩封官加爵，凡儒生、说客、商人不参加农战，一律不能封官加爵。突出了农战是秦国富强的第一要务。后来，无论是灭六国或统一后镇压六国贵族的反叛，农战政策在秦国都一直得到了延续。

【原典】

凡人主之所以劝民者[①]，官爵也。国之所以兴者，农战也。今民求官爵，皆不以农战，而以巧言虚道[②]，此谓劳民[③]。劳民者，其国必无力。无力者，其国必削[④]。

善为国者，其教民也，皆作壹而得官爵[⑤]，是故不官无爵。国去言则民朴，民朴则不淫[⑥]。民见上利之从壹空出也，则作壹。作

壹则民不偷营[7]。民不偷营则多力，多力则国强。今境内之民皆曰：“农战可避，而官爵可得也。”是故豪杰皆可变业，务学《诗》、《书》，随从外权[8]，上可以得显，下可以求官爵；要靡事商贾[9]，为技艺，皆以避农战。具备，国之危也。民以此为教者，其国必削。

【注释】

①劝：劝说，勉励。

②虚道：空虚、空泛的言论。

③劳民：指令人民奸巧怠惰。

④削：削弱，衰弱。

⑤作壹：做事专一。指专心农战。

⑥淫：放荡，放纵。

⑦偷营：私下做非农战的事情。

⑧外权：其他诸侯国的权势。

⑨要靡：平庸之士。

【译文】

通常国君用来勉励民众的是官职和爵位。然而国家得以强盛的根本却是农业和战事。现在民众用来求取官职和爵位的方法都不是农业和作战，而是靠空洞无物的言论，这就误导了民众。误导了民众，国家肯定不会有实力；国家没有实力，国家的力量就会衰弱。

善于治理国家的君主，他教导民众要专心务农，否则就不会得到官职和爵位。国家废除空谈，民众就会淳朴而不放荡。民众看见君主给人们的好处都是从农耕与作战这一途径而来，就会专心从事这些事情。专心从事农战，就不会苟且谋求其他事务。民众不苟且谋求其他事务，力量就会雄厚。力量雄厚，国家就会强大。现在国家境内的民众都说："农战可以逃避，而官职和爵位同样可以得到。"所以那些有才华的豪杰之士都要转变自己的职业，而专研学

习《诗》《书》，追随其他诸侯国的权势，上可以得到高官厚禄，下也能得到一个一般官职；而平庸人士便去经商，从事手工业，以这种方式来逃避农耕和作战。以上情况都出现，国家就危险了。民众视这些为教导，这个国家的实力一定会衰弱。

【原典】

善为国者，仓廪虽满[①]，不偷于农；国大、民众，不淫于言。则民朴壹[②]。民朴壹，则官爵不可巧而取也。不可巧取，则奸不生。奸不生，则主不惑。

今境内之民及处官爵者，见朝廷之可以巧言辩说取官爵也，故官爵不可得而常也[③]。是故进则曲主[④]，退则虑私，所以实其私，然则下卖权矣[⑤]。夫曲主虑私，非国利也，而为之者，以其爵禄也；下卖权，非忠臣也，而为之者，以末货也[⑥]。然则下官之冀迁者皆曰[⑦]："多货，则上官可得而欲也。"曰："我不以货事上而求迁者，则如以狸饵鼠尔，必不冀矣。若以情事上而求迁者，则如引诸绝绳而求乘枉木也[⑧]，愈不冀矣。二者不可以得迁，则我焉得无下动众取货以事上而以求迁乎？"百姓曰："我疾农，先实公仓，收余以食亲；为上忘生而战，以尊主安国也。仓虚，

主卑，家贫。然则不如索官。”亲戚交游合⑨，则更虑矣。豪杰务学《诗》、《书》，随从外权；要靡事商贾，为技艺，皆以避农战。民以此为教，则粟焉得无少，而兵焉得无弱也？

【注释】

①仓廪（lǐn）：储藏米谷之所。

②朴壹：淳朴专一。

③常：指国家的法规。

④曲主：曲意逢迎君主。

⑤卖权：卖弄权术。

⑥末货：指追逐利益。末，追逐；货，财物。

⑦冀迁：希望升迁。

⑧乘：校正。枉：弯曲。

⑨交游：聚在一起。合：达成统一。

【译文】

善于治理国家的君主，粮仓虽然充实也不会放松农耕；国家土地广大，人口众多，也不能让空洞无物的言论泛滥，这样民众就会淳朴专一。民众淳朴专一，官职和爵位就不能靠虚假的伎俩来取得。不能靠虚假的伎俩来取得官职和爵位，奸猾的人就不会出现。奸民不出现，君主就不会受迷惑。

现在国内的民众以及具有官职和爵位的人，看见朝廷中可以用空谈和诡辩的说教来获得官爵，认为官爵不需要靠国家的

法规来得到。因此，一些人上朝便曲意逢迎君主，下朝后便图谋自己的私利，他们就这样私下卖弄权术。曲意逢迎君主谋取自己的私利，就不会对国家有利，目的只是得到爵位和厚禄；私下卖弄权术，不是忠臣所为，这样做的原因，只是为追求金钱和权利。如果这样的话，希望升迁的下级便说：“财物多了，就能得到想要的高官。”并且还说：“我不用金钱侍奉上级来取得升迁，那么就会像用猫做食饵引诱老鼠上钩一样，一定没有希望。假如用实情呈交上级来求得升迁，那么就像手牵着已经断了的墨线想校正弯曲的木材一样，就更加没有希望了。两种办法都不能得到升迁，那我怎能不到下面去搜刮钱财来侍奉上级而获取官位呢？”百姓说：“我积极务农，先让国家的粮仓充实，收取剩下的粮食供养亲人。替君主舍生忘死去作战，使君主尊贵，使国家安定。如果国家粮

仓空虚，国君地位就会卑微，家庭就会贫穷，假如这样还不如谋取个官做。”亲戚朋友在交往相聚中，就会考虑不再从事农业生产。有才华的杰出人士会专心学习《诗》《书》，追随外国的权势；平庸人士会去经商，搞手工业，都靠这些来逃避农耕和作战。君主用这种思想教化民众，那么国库的粮食怎能不减少，而军队实力怎能不被削弱呢？

【原典】

善为国者，官法明，故不任知虑[①]。上作壹，故民不俭营，则国力抟[②]。国力抟者强，国好言谈者削。故曰：农战之民千人，而有《诗》、《书》辩慧者一人焉，千人者皆怠于农战矣。农战之民百人，而有技艺者一人焉，百人者皆怠于农战矣。国待农战而安，主待农战而尊。夫民之不农战也，上好言而官失常也[③]。常官则国治，壹务则国富[④]。国富而治，王之道也。故曰：王道作外，身作壹而已矣。

今上论材能知慧而任之，则知慧之人希主好恶[⑤]，使官制物以适主心[⑥]。是以官无常，国乱而不壹，辩说之人而无法也。如此，则民务焉得无多？而地焉得无荒？《诗》、《书》、礼、乐、善、修、仁、廉、辩、慧，国有十者，上无使守战[⑦]。国以十者治，敌至必削，不至必贫。国去此十者，敌不敢至，虽至必却；兴兵而伐，必取；按兵不伐，必富。国好力者以难攻，以难攻者必兴；好辩者以易攻，以易攻者必危。故圣人明君者，非能尽其万物也[⑧]，知万物之要也。故其治国也，察要而已矣。

【注释】

①任：听任。知：智慧。虑：谋划。

②抟（tuán）：集聚，集中。

③好言：喜欢空谈。失常：不按法规办事。

④壹务：专心务农。

⑤希：同“睎”，观望。使官制物：使用官吏、推断事务。

⑥制物：处理事务。制，处理、决断。

⑦守战：防守和进攻。

⑧尽其万物：衡量、谋划其所有条件。尽，穷尽。

【译文】

善于治理国家的君主，任用官员的法规严明，所以不任用那些喜欢卖弄耍奸、图谋不轨的小人。君主专心做事，民众经营农务不懈怠，国家的力量就集中。国家的力量集中就会强大，倘若国家崇尚空谈力量就会衰弱。所以说，从事农耕和战事的有一千人，其中出现一个学《诗》《书》和巧言善辩的人，那么这一千人都会对农战懈怠。从事农耕和战事的民众有一百人，其中出现一个人搞手工业，那这一百人就都会对农战懈怠。国家依赖农耕和作战而安全，君主依靠农耕和作战获得尊贵。民众不参加农战，那是因为君主喜欢空谈而选用官吏不按照法规办事。依法选用官吏，国家就能得到治理；专心务农，国家就会富强。国家富强而又政治清明，这是治理国家的方法。所以治理国家的方法没有别的，就是专心从事农耕和作

战罢了。

现在的君主只根据才能和智慧来任用人，聪明的人就会根据君主的好恶来做事，差遣官吏处理政务也要迎合君主的心意。因此，国家选用官吏不遵循法规，国家就会混乱，善于巧舌游说的人就更加无法无天了。像这样，民众从事的其他职业怎么会不多？田地又怎么能不荒芜呢？读《诗》、读《书》、懂礼制、懂音乐、慈善、修养、仁爱、谦洁、善辩、聪慧，国家有这十种人，君主就无法让民众守土作战，用这十种人来治理国家，敌人侵犯，国土就一定被割削，敌人不侵犯，国家也一定会贫穷。国家没有这十种人，敌人就不敢来侵犯，即使来了，也一定会被击退；如果发兵讨伐敌国，一定能取胜；如果按兵不动，不去讨伐，就一定会富强。国家重视实力，谨慎地进攻。谨慎地进攻，就一定会兴旺；喜欢空谈的国家轻率地去攻打别国就一定会危险。所以圣人和明君并不是完全了解万物，而是掌握了万事万物的要领。因此他们治理国家的办法就是辨明要领罢了。

【原典】

今为国者多无要。朝廷之言治也，纷纷焉务相易也[①]。是以其君惛于说[②]，其官乱于言，其民惰而不农。故其境内之民，皆化而好辩，乐学，事商贾，为技艺，避农战。如此，则不远矣。国有事，则学民恶法，商民善化，技艺之民不用，故其国易破也。夫农者寡，而游食者众，故其国贫危。今夫螟、螣、蚼、蠋，春生秋死[③]，一出而民数年不食。今一人耕而百人食之，此其为螟、

螣、蚼蠋亦大矣。虽有《诗》、《书》，乡一束[④]，家一员[⑤]，犹无益于治也，非所以反之之术也[⑥]。故先王反之于农战。

故曰：百人农、一人居者，王；十人农，一人居者，强；半农半居者，危。故治国者欲民者之农也。国不农，则与诸侯争权不能自持也，则众力不足也。故诸侯挠其弱[⑦]，乘其衰[⑧]，土地侵削而不振，则无及已。

【注释】

①纷纷：头绪纷乱繁多。相易：相互变更。

②惛（hūn）：迷乱，糊涂。

③螟（míng）：一种专吃植物苗芯的虫。螣（téng）：蝗虫。蚼蠋（gǒuzhú）：青色似蚕状害虫，桑葵禾稼及菜蔬之上皆生之。蚼：曲也，此虫常体曲，故此称为蚼蠋。

④一束：一捆。

⑤一员：指一卷，布帛所写成的书常卷成一卷，战国时称之为一员，至汉代称为一卷。

⑥反之之术：指能够导致国家治理的法术。

⑦挠其弱：指诸侯趁其软弱之时侵扰。挠，干扰。

⑧乘其衰：指诸侯趁其衰弱时侵略。

【译文】

现在治理国家的大多人抓不住要领。朝廷上讨论治国之道时，众人七嘴八舌论说不一，都想改变对方的立场。因此，国君被不同的说法弄得糊里糊涂，而官员被这些言谈弄得头昏脑胀，民众也不愿意从事农耕。国内的民众都变得喜欢空谈和巧辩，更喜欢从事经商、搞手工业，逃避农战。如果这样，那国家离灭亡就不远了。国家动荡，而那些学习儒家经典的人讨厌法制，商人善于变化，手工业者无所用，所以国家就容易被攻破。从事农耕的人少，而靠游说吃饭的人众多，国家就会贫穷危险了。那些危害农作物的螟虫等害虫春天生出，秋天死掉，寿命很短，但只要它们出现一次，民众就会因虫害而缺少收成，多年没有饭吃。现在一人耕地供一百人吃饭，这比螟虫等害虫的危害更大。虽然《诗》《书》，每个乡有一捆，每家有一卷，但对治理国家一点用处也没有，这不是将弱国改变为强国的办法。所以以前那些有作为的君主抛弃空谈，依靠农战来变贫为富，变弱为强。

因此说：如果一百人从事耕作，一个人闲居，国君能称

王；十个人从事农耕，一个人闲居，这个国家会强大；有一半人从事农耕，有一半人闲着，这个国家就危险了。所以治理国家的人，都希望民众务农。国家不重视农耕，就会在诸侯争霸时不能自保，这是因为民众的力量不足。因此，其他诸侯国就会乘其衰弱来侵扰它，乘其衰弱来侵犯它，土地就会被侵占，从此一蹶不振，到那时就来不及想办法了。

【原典】

圣人知治国之要，故令民归心于农。归心于农，则民朴而可正也①，纷纷则易使也②，信可以守战也。壹则少诈而重居③，壹则可以赏罚进也，壹则可以外用也。夫民之亲上死制也④，以其旦暮从事于农。夫民之不可用也，见言谈游士事君之可以尊身也、商贾之可以富家也、技艺之足以糊口也。民见此三者之便且利也⑤，则必避农。避农，则民轻其居，轻其居，则必不为上守战也。

凡治国者，患民之散而不可抟也⑥。是以圣人作壹，抟之也。国作壹一岁者，十岁强；作壹十岁者，百岁强；作壹百岁者，千岁强；千岁强者王。君修赏罚以辅壹教，是以其教有所常，而政有成也。

【注释】

①民朴：人民淳朴。

②纷纷：诚恳的样子。易使：便于役使。

③重居：安心于故居旧地。

④亲上死制：指民众忠于君主、不惜性命而遵守法制。

⑤便且利：便利，指付出少而容易达到。

⑥散：涣散。

【译文】

圣贤的君主懂得治国的要领，因此让民众安心务农。民众安心务农，就朴实便于管理，有诚信就容易役使，这样可以用来守城作战。民众专心农战，奸诈之事就会减少，而且不愿迁移故土；民众专心于农战，那么就能用奖赏和惩罚的办法来鼓励上进，民众专心于农耕作战，就可以用他们来对外作战。民众同君主亲近，并为了法度去牺牲自己，是因为他们从早到晚都从事农耕的缘故。民众如果不听从管理效力国家，是因为他们看见空谈游说的人逢迎君主就能得到尊贵的地位，商人也可以致富，手工业者也能以此养家糊口。民众看到这三种人付出少又可以

得财利，就一定会逃避农耕。逃避农耕，民众就会轻视自己的居住地。轻视自己的居住地，就一定不会替君主守土作战。

凡是治理国家的人，都担心民心涣散而不能凝聚。所以圣明的君主都实行农战政策，以凝聚民心。国家专心农战一年，就能强大十年；国家专心农战十年，就能强大一百年；国家专心农战一百年，就能强大一千年；强大一千年，就能称王于天下。君主制定赏罚作为教育民众的辅助手段，所以对民众的教育有常法，治国就会有成就。

【原典】

王者得治民之至要，故不待赏赐而民亲上，不待爵禄而民从事，不待刑罚而民致死。国危主忧，说者成伍[①]，无益于安危也。夫国危主忧也者，强敌、大国也。人君不能服强敌、破大国也[②]，则修守备，便地形，抟民力，以待外事，然后患可以去，而王可致也。是以明君修政作壹，去无用，止浮学事淫之民，壹之农，然后国家可富，而民力可抟也。

今世主皆忧其国之危而兵之弱也，而强听说者。说者成伍，烦言饰辞[③]，而无实用。主好其辩，不求其实。说者得意，道路曲辩，辈辈成群[④]。民见其可以取王公大人也，而皆学之。夫人聚党与，说议于国，纷纷焉。小民乐之，大人说之[⑤]。故其民农者寡，而游食者众。众，则农者殆[⑥]；农者殆，则土地荒。

学者成俗，则民舍农，从事于谈说，高言伪议。舍农游食而以言相高也[⑦]，故民离上而不臣者成群。此贫国、弱兵之教也。夫国庸民之言，则民不畜于农[8]。故惟明君知好言之不可以强兵辟土也，惟圣人之治国作壹、抟之于农而已矣。

【注释】

①说者成伍：巧言空谈者成群。

②服：征服。破：攻破。

③烦言饰辞：长篇大论的好听言辞。

④辈辈：一批一批，一伙一伙。

⑤说：同“悦”。

⑥殆：懈怠。

⑦以言相高：相互辩论以争高下。

⑧不畜于农：指从事农业活动的人口稀少。畜，养的意思。

【译文】

称王天下的君主掌握了统治民众的要领，所以不等君主赏赐，民众便亲附于君主了；不等君主封爵加禄，民众便从事农战了；不等君主使用刑罚，民众就拼死效命了。当国家危难、君主忧虑时，巧言善辩的空谈之士成群，但对国家的安危没有任何帮助。国家面临危难，君主忧虑是因为遇上了强大的敌国。君主不能战胜强敌，攻破大国，就要修整防御，占据有利地形，集中民众力量来应付外来的战事，这样灾难就可以消除，称王天下的目的也就可以达到了。所以圣明的君主治理国家应专心于农战，清除那些无用的东西，禁止民众学习那些虚浮无用的学问和从事游说等

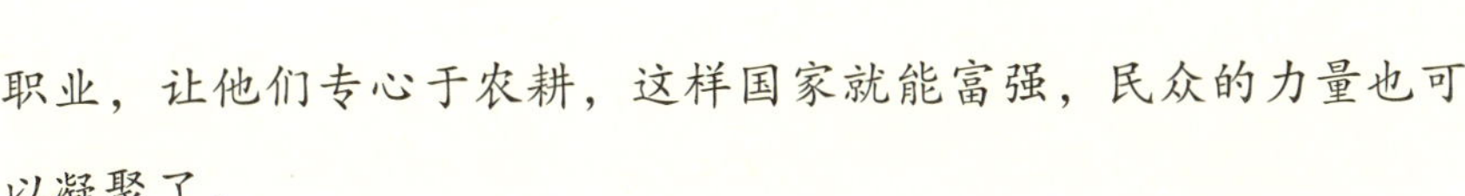

职业，让他们专心于农耕，这样国家就能富强，民众的力量也可以凝聚了。

现在各国国君都担心国家危难而军事力量薄弱，却还是愿意听游说之客的空谈。说客们成群结队，言辞漂亮，却并没有实际用处。君主爱听他们的辩论，不去探求事实真相。因此说客们很得意，到处巧言诡辩，一伙又一伙成群结队。民众看到这样能取悦王公大臣，便都学习他们。于是这些人结成党羽，在国内高谈阔论，夸夸其谈，不但普通人喜欢这么做，王公大臣也高兴这样做。因此国中务农的人少，而靠游说混饭吃的人多。游说的人多，从事农耕的人便会懈怠，务农的人懈怠了，那么田地就会荒芜。

学习空谈游说成为风气，民众就会放弃农耕而高谈阔论。民众放弃农耕，靠高谈阔论混饭吃，彼此以言语争高下，所以民众远离君主，而不臣服的人成群结队。这就是使国家贫穷、军队薄弱的原因。如果国家靠空谈驱使民众，民众就不会喜欢从事农耕。因此只有圣明的君主知道靠空谈不能增强国力、开疆辟土，只有圣明的人明白治理国家靠专心于农战，集中民众的力量罢了。

四、去强

【本篇简介】

去强，这里的强，既指儒家思想，也指不服从政令管理的人。去强指的是要在秦国去掉传统的礼制和不适合治国的儒家思想。另外，那些不服从政令的人，终日游手好闲、扰乱国家舆论和秩序，以及暴力抗法，所以必须加以管制与清除。本篇重点谈论的是如何消除、化解百姓不听从政令的弊端。商鞅认为，统治国家的根本手段就是依法，那么，要达到去强的目的，必须依靠国家的刑罚做保障。专心农战、少事商贾也是去强的办法。

【原典】

以强去强者①，弱；以弱去强者②，强。国为善③，奸必多。国富而贫治④，曰重富，重富者强；国贫而富治⑤，曰重贫，重贫者弱。兵行敌所不敢行，强。事兴敌所羞为，利。主贵多变，国贵少变。国少物，削；国多物，强。千乘之国守千物者削⑥。战事

兵用曰强，战乱兵息而国削。

农、商、官三者，国之常官也[⑦]。三官者生虱官者六：曰“岁”，曰“食”；曰“美”，曰“好”；曰“志”，曰“行”。六者有朴[⑧]，必削。三官之朴三人，六官之朴一人[⑨]。以治法者，强；以治政者，削。常官治者迁官。治大，国小；治小，国大。强之，重削；弱之，重强。夫以强攻强者亡，以弱攻强者王。国强而不战，毒输于内[⑩]，礼乐虱官生，必削；国遂战，毒输于敌，国无礼乐虱官，必强。举荣任功曰强，虱官生必削。农少、商多，贵人贫、商贫、农贫，三官贫，必削。

【注释】

①强：前面的“强”，指强民政策，即后文所说的儒家教化。后一个“强”，指强民，即不服从管制的民众。

②弱：弱民政策，即重赏罚。

③善：慈善，仁政。

④贫治：用贫穷的方法管制，使人民节制有度，增加财富。

⑤富治：用富裕的方法来管制，会令人民收支失衡，增加开支。

⑥千乘之国：拥有千辆兵车的国家，指小国。千物：指少物。

⑦常官：指合法的职业。常，常规，法则；官，事业，职业。

⑧朴：本源，来源。

⑨一人：此指君主。君主是造成六种职业虫害存在的主因。

⑩毒：指虱害。输：灌输，产生。

【译文】

运用强民（如儒家教化）的办法来清除不服从法令的民众，国家的实力会被削弱；运用弱民的手段来消除不服从法令的民众，国家就会强大。国家施行善政，奸邪的坏人一定会多。国家富强而按照穷国的办法治理，叫双重富裕，这样的国家会富上加富而强大。国家贫穷而按照富裕的办法来治理，这叫穷上加穷，穷上加穷的国家一定会衰弱。军队敢做敌人所不敢做的事就强大。做敌人认为耻辱不愿干的事就有利。君主贵在多谋善变，国家贵在法制稳定。国家物资少，就衰弱；国家物资多，就强大。拥有一千辆兵车的国家，只能满足守住一千辆兵车的物资，所以弱小。行军征战之事，士兵用心效命，国家就强大；作战时军阵安排混乱，士兵松垮，国家就会衰弱。

农民、商人、官吏，是三种国家常见的职业。这三种职业产生了六种职业虫害："岁"害，农民游惰，

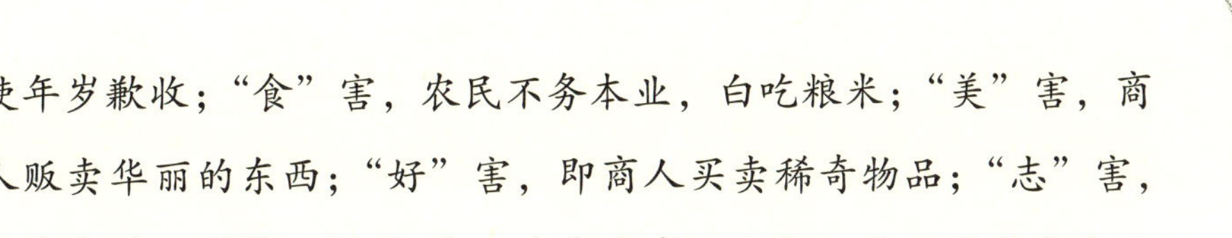

使年岁歉收；“食”害，农民不务本业，白吃粮米；“美”害，商人贩卖华丽的东西；“好”害，即商人买卖稀奇物品；“志”害，指官吏营私舞弊；“行”害，官吏办事不积极。这六种虫害生了根，国家必衰弱。农、商、官三种职业的根在三种人身上，而六种虫害的根源，来自国君一个人身上。以法制来治国，国家就强。靠政教来治国，国家就弱。久任一个官员而他能把政事治理得很好，就提升他的官级。粗犷治理，国家就会弱小。精微治理，国家就会强大。人民不遵纪守法，国家就会越来越削弱。使人民遵纪守法，国家就会越来越强大，采用使民众变得强大的政策来整治不守法的百姓，就要亡国。采用使民众变得软弱的政策来整治不守法的百姓，就能成就王业。国强而不参与战争，毒素会产生于国内，礼乐等危害产生，国家必定削弱；国家进行战争，毒素会转嫁到敌方身上，国内没有礼乐等害虫，国家必强。任用有才能的人，国家就强大。产生职业害虫，国家必定削弱。农民少，商人多，因而公卿官吏穷了，商人穷了，农民穷了，这三种人都贫穷了，国家必定削弱。

【原典】

国有礼、有乐、有《诗》、有《书》、有善、有修、有孝、有弟、有廉、有辩。国有十者，上无使战①，必削至亡；国无十者，上有使战，必兴至王②。国以善民治奸民者③，必乱至削；国以奸民治善民者，必治至强。国用《诗》《书》、礼、乐、孝、弟、善、修治者，敌至，必削国；不至，必贫国。不用八者治，敌不敢至；

虽至必却[④]；兴兵而伐，必取，取必能有之；按兵而不攻，必富。国好力，曰以难攻；国好言，曰以易攻。国以难攻者，起一得十；国以易攻者，出十亡百。

【注释】

①上：指君主。使战：出征，打仗。

②兴：兴旺。王：称王。

③善民：指缺少原则底线的人。

④却：退却。

【译文】

国家有《礼》《乐》《诗》《书》慈善、贤德、孝敬父母、尊敬兄长、廉洁、善辩这十种东西，国君又不让民众去打仗，国家就一定会削弱，甚至灭亡。国家如果没有这十种东西，君主就是让民众去打仗，国家也一定会兴旺，甚至称王天下。国家用缺少原则底线的所谓善良的人来管治奸邪的人，一定会发生动乱直至削弱；国家用能够监督和无情揭发的所谓奸邪的人来管制，就一定能治理好，一直到强大。国家采用《礼》《乐》《诗》《书》、慈善、修养等儒家思想来治理，敌人来了，会令国家削弱；敌人不来入侵，国家也会贫穷。国家不采用这八种儒家思想治理，敌人就不敢入侵，即使来了也会被打退。如果出兵讨伐别国，就一定能夺取土地并占有它；如果按兵不动，不去攻打别国，就一定会富足，国家注重实力，谈到攻伐就会谨慎。国家喜欢空谈，谈到攻伐就

会轻妄。国家用慎重的态度去讨伐别国，能够用一分力气得到十倍的收获；国家用轻妄的态度讨伐别国，出十分的力会丧失百倍的利益。

【原典】

重罚轻赏，则上爱民[1]，民死上；重赏轻罚，则上不爱民，民不死上。兴国行罚，民利且畏[2]；行赏，民利且爱。国无力而行知巧者必亡[3]。怯民使以刑，必勇；勇民使以赏，则死。怯民勇，勇民死，国无敌者强。强必王。贫者使以刑，则富；富者使以赏，则贫。治国能令贫者富、富者贫，则国多力，多力者王。王者刑九赏一[4]，强国刑七赏三，削国刑五赏五。

【注释】

①上：君王。

②利：受益。

③知巧：智谋巧诈。

④刑九赏一：使用九分刑罚一分赏赐。

【译文】

加重刑罚，慎用赏赐，君主爱护民众，民众就会拼命为君主效力。加重赏赐，减轻刑罚，君主不爱护人民，人民便不会为君主拼命效力。兴盛的国家，使用刑罚，民众认为受益并畏惧；实行赏赐，民众认为有利而喜爱。国家没有实力，却使用智谋和欺诈的办法，国家就会灭亡。用刑罚令胆小的人作战，一定会有勇气；用奖赏的办法激励勇敢的人，他们就会舍生忘死。胆小的人勇敢，勇敢的人不怕牺牲，国家就没有对手而强大。国家强大就一定能称王。用刑罚来约束穷人，让他们去参与农战，穷人就会富裕；使用奖赏，若不参加农战，富人就会变穷。治理国家能让穷人变富，富人变穷，国家就能实力雄厚，称王天下。称王天下的国家用十分之九的刑罚，十分之一的赏赐，强大的国家用十分之七的刑事，十分之三的赏赐，衰弱的国家用十分之五的刑罚，十分之五的赏赐。

【原典】

国作壹一岁[①]，十岁强；作壹十岁，百岁强；作壹百岁，千岁强；千岁强者王。威，以一取十，以声以实，故能为威者王。能生不能杀[②]，曰自攻之国，必削；能生能杀，曰攻敌之国，必强。故攻官、攻力、攻敌，国用其二、舍其一，必强；令用三者，威，必王。

十里断者[③]，国弱；五里断者，国强。以日治者王，以夜治者强，以宿治者削。举民众口数，生者著[④]，死者削[⑤]。民不逃粟[⑥]，野无荒草，则国富，国富者强。

【注释】

①作壹：专一于农战。

②生：培养实力。杀：消耗实力。

③里：古代二十五家为一里。早年为居家的行政单位，五家为一邻，五邻为一里。断：决断，处理。

④著：填写于户籍册上。

⑤削：删去。

⑥逃粟：逃避税收。

【译文】

国家专心从事农战一年，就能强大十年；专心从事农战十年，就能强大一百年；专心从事农战一百年，就能强大一千年。强大一千年，国家就能称王天下。国家有威严，就能以一取十，以声势取得实效，所以有声势的国家就能称王天下。有实力却不能使用实力的国家，叫作自己攻打自己的国家，这样的国家一定会削弱；能积攒实力也能消耗实力的，叫攻打敌国的国家，这样的国家一定强大。所以消灭虱害，使用实力，攻打敌国，国家使用其中的二项，舍弃其中的一项，一定强大；如果三项全用，国家就会称王于天下。政事在十里之内才能做出决断的，国家就弱，在五里之内能做出决断的，就强大。在当日就能处理好当天政务的，就能称王天下，在当夜才能处理好当天的政务，国家就强大，第二天才能处理好前一天政务的，国家就会衰弱。统计民众的人数，活着的登记造册，死了的人要从户口册上消除。这样民众就不能逃避税租，田野上就没有荒草，国家就能富足，国家富了也就力量强大了。

【原典】

以刑去刑[①]，国治；以刑致刑[②]，国乱，故曰：行刑重轻，刑去事成，国强；重重而轻轻[③]，刑至事生，国削。刑生力，力生强，强生威，威生惠，惠生于力。举力以成勇战，战以成知谋。

粟生而金死，粟死而金生。本物贱，事者众，买者少，农困而奸劝[④]，其兵弱，国必削至亡。金一两生于竟内[⑤]，粟十二石死于竟外[⑥]；粟十二石生于竟内，金一两死于竟外。国好生金于竟内，则金粟两死，仓府两虚，国弱；国好生粟于竟内，则金粟两生，仓府两实，国强。

强国知十三数：竟内仓、口之数，壮男、壮女之数，老、弱之数，官、士之数，以言说取食者之数，利民之数，马、牛、刍藁之数[⑦]。欲强国，不知国十三数，地虽利，民虽众，国愈弱至削。国无怨民曰强国。兴兵而伐，则武爵武任，必胜。按兵而农，粟爵粟任，则国富。兵起而胜敌、按兵而国富者王[⑧]。

【注释】

①以刑去刑：以严厉的刑罚使民众不敢触犯而杜绝犯法。

②以刑致刑：因为刑罚轻，民众不惧怕而导致犯法。

③重重：重罪重罚。轻轻：轻罪轻罚。

④奸：指奸诈的商人。劝：得到鼓励。

⑤竟：同“境”。

⑥石：古代计量单位，一石十斗。

⑦刍藁（gǎo）：指柴草。刍为饲草，藁为禾杆。

⑧按兵：囤兵。

【译文】

用刑罚消除刑罚，国家就能治理；用刑罚招致刑罚，国家会混乱。所以说：用重刑治轻罪，就是不用刑罚也能将事情办成，国家就能强大；重罪重罚，轻罪轻罚，即使用了刑罚，犯法的事情也会不断发生，国家会衰弱。刑罚产生实力，实力产生强大，强大能产生威力，威力能产生恩惠，恩惠从实力中产生。所有实力能用来成就勇敢作战，作战才能产生出智慧和计谋。

消耗金钱可以购入粮谷，卖出粮谷可以得到金钱。粮谷价格较低，而从事农业的人又很多，都可以自给自足，就没有什么人购买粮食，所以农民虽然有粮食也比较穷，这个时候商人就会活跃起来，军队就会削弱，国家实力也一定会慢慢走向衰亡。一两黄金输入到国境内，十二石的粮食就会运到国境外；十二石粮食输入到国境内，黄金一两运到国境外，国家喜欢在境内积聚黄金，那么黄金和粮食都会丧失，粮仓和金库都会空虚，国家会弱小；国家喜欢在境内囤积粮食，那么粮食和黄金都能产生，粮仓、金库都会充实，国家就强大。

强大的国家要知道十三个数目：境内粮仓、金库、壮年男子、女子的数目；老人、体弱者数目，官吏、士人的数目，靠游说吃饭的数目，商人的数目，马、牛、喂牲口饲料的数目。想要使国家强大，不知道这十三个数目，即使土地肥沃，人口众多，国家也难免越来越衰弱，直到被别国瓜分。国内没有埋怨的声音叫强国，如果发兵攻打别国，那么就要按军功的多少授予他们官职和爵位，就一定能取胜。如果按兵不动，从事农耕，那么就按生产缴纳粮食的多少，授予官职和爵位，国家就一定富裕。出兵打仗能战胜敌人、按兵不动而国家富足。就能称王天下。

五、说民

【本篇简介】

本篇以如何治理民众、治理社会为讨论的核心问题，重点论述了几种民众难以管制的情形：辩慧、礼乐、慈仁、任誉。道出了治理民众需要刑罚与赏赐相结合，其中，赏赐必须仅限于农战这一个渠道，如此，才能有效引导和鼓励民众从事农战。本篇并且讲述了治理民众与社会的关键，在于要以人民为中心，并赢得民心。这种结合了心理与法规的方式，达到治国的目的。

【原典】

辩慧，乱之赞也①；礼乐，淫佚之徵也②；慈仁，过之母也③；任誉④，奸之鼠也。乱有赞则行，淫佚有徵则用，过有母则生，奸有鼠则不止。八者有群⑤，民胜其政⑥；国无八者，政胜其民⑦。民胜其政，国弱；政胜其民，兵强。故国有八者，上无以使守战，必削至亡。国无八者，上有以使守战，必兴至王。

用善，则民亲其亲；任奸，则民亲其制。合而复者⑧，善也；别而规者[9]，奸也。章善，则过匿；任奸，则罪诛。过匿，则民胜法；罪诛，则法胜民。民胜法，国乱；法胜民，兵强。故曰：以良民治，必乱至削；以奸民治，必治至强。

【注释】

①赞：相助、帮凶之意。

②淫佚：指淫逸。徵（zhēng）：召。

③母：根源，本源。

④任誉：喜好名誉。

⑤八者：指辩慧、礼乐、慈仁、任誉。群：众多之意。

⑥民胜其政：民众可以随意违反政令，即法小民大。

⑦政胜其民：政令能够驾驭住民众，即法大民小。

⑧合而复：认可别人的行为而效仿为之。

⑨别而规：分析别人的行为并纠正其不合法度的地方。规：规劝更正。

【译文】

善辩聪慧是产生混乱的帮凶；礼制乐规是放荡淫逸的诱因；慈爱仁义是出现罪过的根源；沽名钓誉是奸邪小人的同党。违法的事有了帮凶才会横行，放纵淫逸有了引导才能兴起，错误有了根源才能产生，奸邪有了庇护的同党就无法制止。这八种东西成群结伙，就会法小民大；国家没有这八者，就会法大民小。民众的力量胜过政令，则国家削弱；政令能胜过民众，则军力强盛。

所以，国家如果有这八种东西，国君就难以派遣民众去防守和战斗，国家一定会衰弱直至灭亡。国家没有这八种东西，国君就能够令民众去防守和战斗，国家必然兴盛，乃至称霸天下。

用善民的方式治理民众，民众会亲近其亲朋近属；用奸民的方式治理民众，民众就会亲近国家的法制。追奉效仿他人行为的，就是所谓的善；区别规劝他人行为的，就是所谓的奸。彰显所谓的善良，过失就会被掩盖起来；任用所谓的奸民来治理，罪过就会被诛除。民众的错误被掩盖，那么民众就会越过法规；民众的罪过能够诛除，国家的法规就能治理民众。民众越过法规，国家就会混乱；法规治理民众，国家的兵力就强大。所以说，用所谓的善良治理国家，国家就会混乱，直到消亡。用所谓的奸民治理国家，必然有效，直至强盛。

【原典】

国以难攻①，起一取十，国以易攻②，起十亡百。国好力，曰以难攻；国好言，曰以易攻。民易为言，难为用③。国法作民之所难，兵用民之所易，而以力攻者④，起一得十；国法作民之所易，兵用民之所难，而以言攻者，出十亡百。

罚重，爵尊⑤；赏轻，刑威⑥。爵尊，上爱民；刑威，民死上。故兴国行罚，则民利；用赏，则上重。法详，则刑繁；法繁，则刑省。民治则乱，乱而治之，又乱。故治之于其治，则治；治之于其乱，则乱。民之情也治⑦，其事也乱。故行刑，重其轻者，轻者不生，则重者无从至矣，此谓治之于其治者。行刑，重其重者，轻其轻者，轻者不止，则重者无从止矣，此谓治之于其乱也。故重轻，则刑去事成，国强；重重而轻轻，则刑至而事生，国削。

【注释】

①难攻：指用农耕备战的困难途径来结聚实力攻击别国。

②易攻：用辩论游说的容易方式攻击别国。

③难为用：难以被役使、利用。

④以力攻：以实力说话。

⑤爵尊：爵位尊贵。

⑥威：威势，威严。

⑦情：指人之常情。

【译文】

国家推行奖励农耕农战以聚结实力的所谓“难攻”策略去攻打其他国家，用一分力量便能取得十分成效；国家采纳游说空谈的“易攻”策略去攻打其他国家，用十分力量会损失百倍的利益。国家重视实力，这叫用难以得到的东西去攻打别国。国家喜欢空谈，这叫用易于获得的东西去攻打别国。民众喜欢做空谈之事，国家就难以役使他们去从事农战，国家以法规鼓励民众做难办的事，一旦发生战争时，民众很容易被调遣，凭借实力的讨伐，用一份力量可获得十倍的收获；国家以法规督促民众去做容易办的事，到了用兵时，民众会觉得战事困难，一旦用辩论言说去勉强

调遣而攻打别国，那么付出十分的力量会损失百倍。

刑罚重，爵位显得尊贵；赏赐轻，刑罚才显得威严。爵位尊贵，这是郡主爱护民众；刑罚有威严，民众能拼命为君主效力。所以强盛的国家使用刑罚，民众受益；施用奖赏，君主就受到尊重。法令周详，刑罚就会繁多；刑罚繁多，受处罚的人反而减少。不懂得治理民众就会混乱，混乱中盲目去治理，就会更乱。所以在社会安定的时候治理，国家才能治理好。在社会混乱时去治理，只会更乱。希望国家安定是人之常情，但他们做的事情却往往使国家生乱。所以使用刑罚，对轻罪施行重罚，轻微的犯罪就不会发生，严重的罪行也就不会出现了。这就叫在国家安定的时候去治理。使用刑罚，对重罪的重罚，对轻罪的轻罚，那么轻微的犯罪不能制止，严重的犯罪就更无法制止了。这就叫在民众乱的时候去治理。所以轻罪重罚，那么刑罚能除掉而事情也能办成，国家会强大；使用刑罚有重有轻，那么刑罚虽然用了，犯罪的事却仍然发生，国家就会被削弱。

【原典】

民勇，则赏之以其所欲；民怯，则杀之以其所恶[①]。故怯民使之以刑，则勇；勇民使之以赏，则死。怯民勇，勇民死，国无敌者必王。民贫，则国弱；富，则淫[②]。淫则有虱，有虱则弱。故贫者益之以刑[③]，则富；富者损之以赏[④]，则贫。治国之举，贵令贫者富、富者贫。贫者富，国强；富者贫，三官无虱。国久强而无虱者必王。

刑生力，力生强，强生威，威生德[5]，德生于刑。故刑多，则赏重；赏少，则刑重。民之有欲有恶也，欲有六淫[6]，恶有四难[7]。从六淫[8]，国弱；行四难，兵强。故王者刑于九而赏出一。刑于九，则六淫止；赏出一，则四难行。六淫止，则国无奸；四难行，则兵无敌。

【注释】

①杀：扼制，消除。

②淫：放纵，放荡。

③益：增加。

④损：减损，捐献。

⑤德：恩惠。

⑥六淫：指六种放纵淫逸的事。

⑦四难：指人们厌恶的务农、力战、出钱、告奸四种事。

⑧从：同“纵”，放任。

【译文】

民众勇敢，就奖赏他们想要得到的东西；民众胆小，就用他们讨厌的刑罚消除他们的胆怯。因此，对胆小的人用刑罚，他们就会变得勇敢；对勇敢的人使用奖赏，就会拼死效力。胆小的人变勇敢，勇敢的人拼死效力。国家就所向无敌，一定能称霸天下。民众贫穷，国家就弱；民众富裕，就会放纵自己。民众放纵就会产生虱害，有了像虱子一样的危害，国家就会被削弱。所以要用刑罚令穷人参加农战以增加收入，这样就会富裕；对富裕的人要用赏赐的办法，诱使他们捐献财物减少财产，让他们变得贫穷。治国的措施，最重要的是让贫穷的变富裕，让富裕的变贫穷。贫困的变富裕，国家就会强大；富裕的变贫困，农民、官吏、商人这三种职业就不会有虱害产生。国家能长久保持强大又没有虱子一样的危害，一定能称霸天下。

刑罚能产生实力，实力能产生强大，强大能产生威力，威力能产生恩惠，恩惠从刑罚中产生。因此刑罚多了，奖赏就显得重要；奖赏少了，刑罚就显得过分严厉了。民众有喜欢的事，也有厌恶的事，所喜欢的事中有六种放荡的事情（六种虱害），所讨厌的事有四种难做的事（务农、力战、捐款、告奸）。如果放任六种放荡的事，国家就会衰弱；推行四种民众畏难的事，国家兵力就会强大。所以能称霸天下的国家会将刑罚运用于多个方面，奖赏却只出于农战这一个方面。刑罚用的面多，六种放荡的坏事就能制止；奖赏从农战这一个方面出发，四种畏难的事就能推行。六种放荡的事情被制止，国家就没有奸邪，四种难做的事能推行，军队就强大的没有敌手。

【原典】

民之所欲万，而利之所出一。民非一，则无以致欲，故作一。作一则力抟，力抟则强。强而用，重强。故能生力，能杀力，曰攻敌之国，必强。塞私道以穷其志[①]，启一门以致其欲[②]，使民必先行其所要，然后致其所欲，故力多。力多而不用，则志穷；志穷，则有私[③]；有私，则有弱。故能生力，不能杀力，曰自攻之国，必削。故曰：王者，国不蓄力，家不积粟。国不蓄力[④]，下用也；家不积粟，上藏也。

【注释】

①塞：堵塞。穷：困乏。志：心志。

②启一门：开启农战这一门途径。

③私：私心。

④蓄：储存，积蓄。

【译文】

民众想要得到的东西很多，但是能获得利益只有农战这一个途径。民众不通过这个途径，就无法得到他们想要的东西，所以必须专心于农战。民众专心从事农战，力量就能集中，力量集中国家就会强大。国家强大又能攻占别国，国家就会更加强大。因此，能够产生实力而又能使用实力的国家，叫作攻打敌人的国家，这样的国家一定强大。堵塞谋求个人私利的门路，只开启奖励民众专心从事农战这一条路，用来满足民众的需要。让民众一定先做他们所厌恶的，然后获得他们想得到的东西，国家的实力才能雄厚。实力雄厚却不使用，民众的心志会困乏；心志会困乏，就会产生私心；有了私心，国家的实力就会被削弱。因此，能够产生实力而不使用实力的国家，叫作自己攻打自己，实力一定会被削弱。所以说：能够称霸天下的国家，不储存实力，民众家中也不储存粮食。国家不储存实力，是因为可以调动民众的力量；民众的家中不储存粮食，是因为国家的官仓储藏了粮食。

【原典】

国治：断家王[①]，断官强，断君弱。重轻，刑去。常官，则治。省刑，要保[②]，赏不可倍也[③]。有奸必告之，则民断于心。上令而民知所以应，器成于家而行于官[④]，则事断于家。故王者刑赏断于民心，器用断于家。治明则同[⑤]，治暗则异[⑥]。同则行，异则止，行则治，止则乱。治则家断，乱则君断。治国者贵不断，故以十里断者弱[⑦]，以五里断者强。家断则有余，故曰：日治者王。官断则不足，故曰：夜治者强。君断则乱，故曰：宿治者削。故有道之国，治不听君，民不从官。

【注释】

①断：决断。家：家庭。

②要保：互相监督，互相约束。

③倍：同“背”，违背、失信。

④器：古代标志爵位名号的器物。此指人才。

⑤治明：政治清明，指法制公允、明确。同：同心，统一。

⑥治暗：指政治，指法制隐晦、偏颇、不公允。异：差异，不一致。

⑦里：古代二十五家为一里。

【译文】

治理国家有几种情况：大小政事由家庭来决断事情的国家能称霸天下，由官府来决断是非的国家就强大，由国君来决断的国家就弱了。轻罪重罚，能有效杜绝犯罪。按法规来选用官吏，国家就得到治理。要减少刑罚，就要在民众中建立信约，使民众互相监督，彼此约束，对那些揭发犯罪者应该奖赏的不可失信。发现奸邪必须要告发，因为民众的心中能判断是非。国家发布的命令民众知道应响应，人才来自于家庭，而在官府中任职，事情意味着则由家庭来决断。所以王者实行奖赏和刑罚，取决于民心，人才则取决于家庭。社会政治清明，民众就会同心；社会政治黑暗，民众就会产生异心。民众与君主同心，国家的法令就能执行，民众与君主不同心，国家的法令就不能实行。法令得到执行，国家就能治理好；法令不能实行，国家就会混乱。国家能治理好，民众在家中就能判断对错。国家混乱，就只能由君主做决断。治理国家最可贵的是在民众中做出决断，所以十个里之内才能做出决断的国家弱，在五个里以内做出决断的国家强。事情在民众家就能做出决断，官府就有精力（处理其他事务）。因此说：在当晚就能把一天的事处理好的国家就强大。大小事情都由君主来决断的，就会忙乱不已。所以说第二天才能处理好政务的国家会衰弱。因此，实行法治的国家，官吏处理政务不必听从于君主，民众处理事务也不必听从于官员。

六、算地

【本篇简介】

本篇的主要内容就是计算土地、规划土地。着重论述了三个方面的问题：一是人口和土地的比例。这直接关系到土地的利用，更重要的是，也牵涉到作战时对军队补给的估算。二是谈论不同类型的人的特点和管制方法。三是从人性角度入手，建立公平的赏罚制度，令人民安于务农，勇于作战，建立功绩。

【原典】

凡世主之患[①]，用兵者不量力，治草莱者不度地[②]。故有地狭而民众者，民胜其地；地广而民少者，地胜其民。民胜其地，务开[③]；地胜其民者，事徕[④]。开，则行倍。民过地，则国功寡而兵力少[⑤]；地过民，则山泽财物不为用。夫弃天物、遂民淫者[⑥]，世主之务过也，而上下事之，故民众而兵弱，地大而力小。

【注释】

①患：忧患，忧虑。

②草莱：荒地，荒田。度：算度，规划。

③开：开拓疆土。

④徕：招徕民众。

⑤国功：对国家发展方面的功绩。

⑥弃：漠视，浪费。遂：按照，顺着。淫：淫逸，放纵。

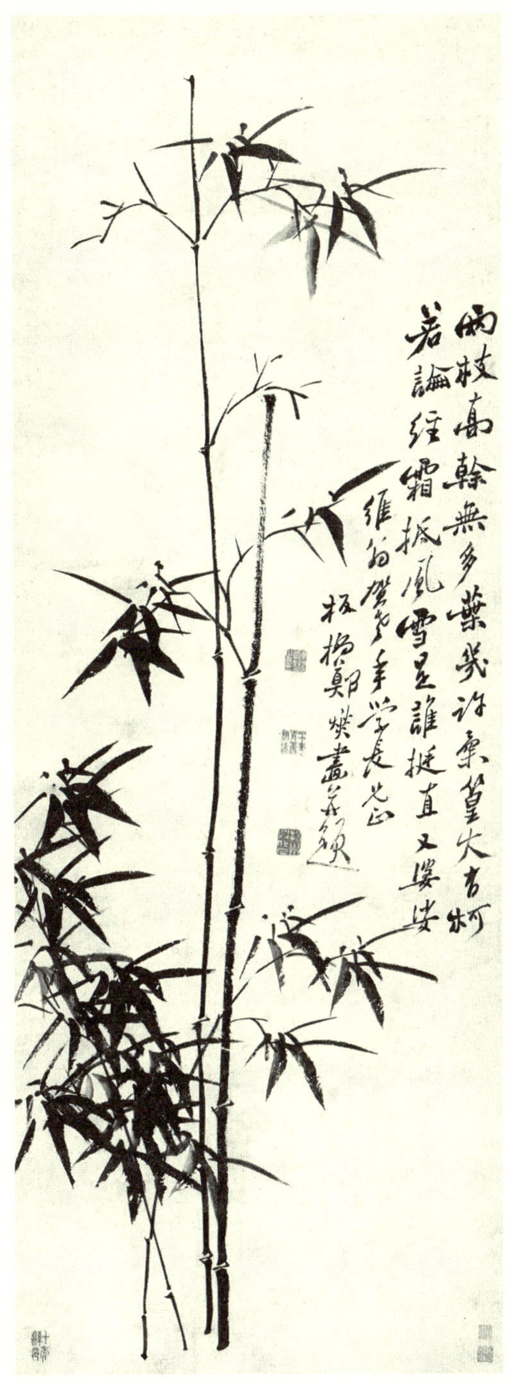

【译文】

一般国君忧虑的是，用兵作战时不评估自己的实力，开垦荒地时不做好土地规划。因此有的地方出现狭小而人口众多的情况，人口的数量超过了土地的面积；有的土地宽广而人口稀少，土地面积超过了人口的数量。人口多土地少，就一定要开辟土

地；土地多而人口少，就要想办法招来居民。要开辟土地，就要成倍地扩大军队的数量。人口多而土地少，国家取得的功绩就少，而且兵力也不足；土地多，超过人口数量，国家的山林、湖泽资源就不能得到充分利用。漠视自然资源，任民众放纵，游手好闲，这是君主在事业上的过失。而现在从君主到臣民都这么做，造成人口虽多而军队的实力却弱，土地虽广而国家的实力却很小。

【原典】

故为国任地者①：山林居什一②，薮泽居什一③，薮谷流水居什一，都邑蹊道居什四④，此先王之正律也。故为国分田数：小亩五百⑤，足待一役，此地不任也；方土百里，出战卒万人者，数小也⑥。此其垦田足以食其民，都邑遂路足以处其民⑦，山林、薮泽、谿谷足以供其利，薮泽堤防足以畜[8]。故兵出，粮给而财有余；兵休，民作而畜长足。此所谓任地待役之律也。

【注释】

①任：使用，利用。

②什一：十分之一，古时分数表示法。

③薮（sǒu）：水少而草木茂盛的湖泽。

④蹊（xī）：小路。

⑤小亩：周制之亩，百步为亩；秦汉之亩，方二百四十步。

⑥数小：数量不超过应有负担。

⑦遂：道路。

⑧畜：同“蓄”，指积存。

【译文】

以治理国家使用土地的比例应该是：山林占国土面积的十分之一，湖泊、沼泽占国土面积的十分之一，溪谷、河流占国土面积的十分之一，城市、道路占国土面积的十分之四，这是前代君主合乎法度的规划。所以治理国家给民众分配耕地的田赋数和兵役数是：每个农民分得五百亩，国家得到的税收不足以养活一个士兵，这是因为土地不足以担负这样的任务。土地方圆百里，能派出兵士一万人，是因为人数少于土地数。可耕种的土地足以养活那里的民众，城市、乡村道路足以安置当地的民众，山地、森林、湖泊、沼泽、山谷足够供应民众所需的生活物资，湖泊、沼泽的堤坝足够积蓄水源。所以军队出征作战，粮食的供应充足而财力有余；战事结束，民众都从事农耕，而粮食积存长期富足，这就是利用土地备战的规则。

【原典】

今世主有地方数千里，食不足以待役实仓，而兵为邻敌，臣故为世主患之。夫地大而不垦者，与无地同；民众而不用者，与无民同。故为国之数[①]，务在垦草；用兵之道，务在壹赏。私利塞于外，则民务属于农[②]；属于农，则朴[③]；朴，则畏令。私赏禁于下，则民力抟于敌[④]；抟于敌，则胜。奚以知其然也？夫民之情，朴则生劳而易力，穷则生知而权利。易力则轻死而乐用，权利则畏罚而易苦[⑤]。易苦则地力尽，乐用则兵力尽。夫治国者，能尽地力而致民死者，名与利交至[⑥]。

民之性：饥而求食，劳而求佚[⑦]，苦则索乐，辱则求荣，此民之情也。民之求利，失礼之法；求名，失性之常。奚以论其然也？今夫盗贼上犯君上之所禁，而下失臣民之礼，故名辱而身危，犹不止者，利也。其上世之士，衣不煖肤，食不满肠，苦其志意，劳其四肢，伤其五脏，而益裕广耳[⑧]，非性之常也，而为之者，名也。故曰：名利之所凑[⑨]，则民道之。

【注释】

①数：办法，方法。

②属：所属，归向。

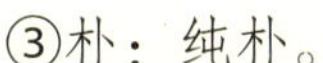

③朴：纯朴。

④抟（tuán）：集中。

⑤易苦：易于接受、容忍劳苦。

⑥交至：相继到来，一并到来。

⑦佚：安逸。

⑧裕：充裕，指数量多。

⑨凑：聚集在一起。

【译文】

现在君主拥有方圆几千里的土地，粮食却不够用来补给士兵和装满粮仓，可军队又与邻国为敌，因此我很为君主担忧。土地广阔却不去开垦，等于没有土地；人民众多却不能利用，等同没有人民。所以，治理的关键在于开垦荒地；用兵的方法，关键在于实行统一的奖赏。避免人们从耕战之外获得私利的途径，民众就一定会归属到农耕上；民众归属到农务上，就一定淳朴。民众淳朴，就一定畏惧法令。禁止下属私自搞奖赏，民众的力量就会集中于对付敌人，如此就定能获胜。根据是什么呢？那就是人之常情，民众朴实，就会拥有勤劳的品质而不吝惜自己的力气，人贫穷了就会产生智谋而衡量利益。不吝啬自己的力气就会徇死效力，衡量利益则会畏惧刑罚从而改变贫穷。想改变贫穷就能够尽力发挥土地的力量，乐于被召唤就能充分发挥士兵的力量。治理国家的人，能够尽力发挥土地的作用，并能够让民众效力，名和利便一齐得到了。

人的本性就是饿了要寻找食物，累了要寻求安逸，痛苦了就寻找欢乐，屈辱了就追求荣耀，这是人之常情。人追求个人私利时，会违背礼制的规定；追求名誉时，会丧失人的本性。这样说的根据是什么呢？现在的盗贼，对上违反了君主的禁令，对下丧失了臣子的礼仪，哪怕名声坏了，生命受到威胁，他们仍然不想停止，这是因为利益关系。那些古代的士人，穿的衣服不能温暖皮肤，吃的不能填饱肠胃，为的是磨练自己的意志，辛劳自己的四肢，伤害自己的五脏，可心胸更加宽广，这不是人性的普遍规律，他们这样做的原因就是因为名利。所以说，名和利聚集到一块，民众就会顺从它。

【原典】

主操名利之柄而能致功名者[①]，数也。圣人审权以操柄[②]，审数以使民。数者，臣主之术，而国之要也。故万乘失数而不危、臣主失术而不乱者，未之有也。今世主欲辟地治民而不审数，臣

欲尽其事而不立术，故国有不服之民，主有不令之臣[③]。故圣人之为国也，入令民以属农，出令民以计战[④]。夫农，民之所苦；而战，民之所危也。犯其所苦[⑤]，行其所危者，计也。故民生则计利，死则虑名。名利之所出，不可不审也。利出于地，则民尽力；名出于战，则民致死。入使民尽力，则草不荒；出使民致死，则胜敌。胜敌而草不荒，富强之功可坐而致也。

【注释】

①操：掌握。柄：权柄。

②审权：审视权衡。

③不令：不听从法令。

④计：计算，衡量。

⑤犯：触犯。

【译文】

君主掌握着名和利的大权，让人民获得功绩和名声，这是一种统治方法。圣明的君主弄明白权力的情况而操控权力，弄明白统治方略而役使民众。统治方法，是君主治国的关键。所以，拥有万辆兵车的大国丧失了统治政策却不危险，君主没有统治方法而国家不混乱的情况是从来没有过的。现在君主想要开疆辟土，统治民众却不明白统治方法，想让大臣各尽职责而不确立权责方法，所以国家有不服从的民众，君主有不听命的大臣。因此圣明的君主治理国家，对内让民众归心于务农，对外让民众考虑对敌作战。从事农耕，是民众认为辛劳的事，而打仗，是民众认为危险的事。民众自己愿意做辛苦的事，干自己认为危险的事，是权衡利弊的结果。所以民众活着就要考虑自己的利益，死时也会考虑自己身后的名誉。对民众所追求的名利来源，不能不加以考察。利益的来源是土地，那么民众就会竭力开垦；名誉来源于对外作战，那么民众就会拼死作战。对内让民众竭力耕种，荒地就不会荒芜；对外让民众拼死作战，就能战胜敌国。能战胜敌国而土地又不荒芜，富强便可以唾手可得了。

【原典】

今则不然。世主之所以加务者，皆非国之急也。身有尧、舜之行，而功不及汤、武之略者，此执柄之罪也[①]。臣请语其过。夫治国舍势而任说说，则身修而功寡。故事《诗》《书》谈说之士[②]，则民游而轻其君；事处士[③]，则民远而非其上；事勇士，则民竞而轻其禁；技艺之士用，则民剽而易徙[④]；商贾之士佚且利，则民缘而议其上。故五民加于国用，则田荒而兵弱。谈说之士资在于口[⑤]，处士资在于意勇士资在于气，技艺之士资在于手，商贾之士资在于身。故天下一宅，而圜身资[⑥]。民资重于身，而偏托势于外[⑦]。挟重资，归偏家[⑧]，尧、舜之所难也。故汤、武禁之，则功立而名成。圣人非能以世之所易胜其所难也，必以其所难胜其所易。故民愚，则知可以胜之；世知，则力可以胜之。臣愚，则易力而难巧；世巧，则易知而难力。故神农教耕而王天下，师其知也；汤、武致强而征诸侯，服其力也。今世巧而民淫，方效汤、武之时，而行神农之事，以随世禁[⑨]。故千乘惑乱，此其所加务者过也。

【注释】

①执柄：执掌权柄。

②事：任用。

③处士：隐士。

④剽：轻佻，轻浮。

⑤资：资本，可资利用的东西。

⑥圜（huán）身：浑身。

⑦偏托：有侧重、依靠；势：局势之势。

⑧归偏家：最后偏重于一面，指不关心均衡发展。

⑨世禁：世俗的忌讳。

【译文】

现在却并非如此。国君所着力处理的事情，都不是国家的当务之急。他们身上虽然具备尧、舜一样的品德，但他们的功绩却赶不上商汤和周武王，这是掌握权柄的过错。请让臣说说他们的过错：治理国家假如放弃权力而任用喜欢空谈的人，那么虽然自身有修养，但功绩却不大。因为任用仅仅会读《诗》《书》的空谈游说之士，民众就会四处游荡而轻视君主；任用那些隐逸之士，民众就会疏远君主并且非议君主；任用勇士，民众就会争强好胜不重视禁令；任用手工业者，民众就会轻浮好动而喜欢迁移；有钱的商人生活安逸而且赢利，民众就会攀附他们而议论君主。如果国家任用这五种人，田地就会荒芜，军队的战斗力会削弱。喜欢空谈的人的资本在于口舌，隐士的资本在于他的心志，勇士的资本在于勇气，手工业者的资本在于一双巧手，商人的资本在于其自身。所以，这些人以四海为家，安身立命的资本随身携带。民众将谋生的资本看得比其自身还重要，而到了国外到处寻求和投靠势力。他们携带资本，回到家中后，就是像尧、舜这样的贤明君主也难以治理好这些人。因此商汤和周武王下令禁止这种情况，由此建功立业。圣明的君主不是用世上容易做的事情来战胜难做的事情，而会用难做的事来战胜轻易的事。所以人们愚昧，就用智慧战胜他们。世人有智慧，就用力量战胜他们。臣子愚昧，会认为出力容易而使用智慧困难；世人灵巧，会认为使用智慧容易而出力困难。所以古代神农教会人们耕种而成为天下帝王，这是因为人们要学习他的智慧。商汤和周武王征服了天下的诸侯，

这是因为诸侯们屈服于他的强大力量。现在世人多机巧而且民众多放荡，正是效仿商汤和周武王的时候，可是君主们却依从神农当年的做事方式效仿，顺从世俗的禁忌，放弃了法治。所以拥有千辆兵车的大国产生了乱子，这是因为他们所要特别处理的事情，都是错误的。

【原典】

民之生[①]：度而取长，称而取重，权而索利。明君慎观三者，则国治可立，而民能可得。国之所以求民者少[②]，而民之所以避求者多，入使民属于农，出使民壹于战，故圣人之治也，多禁以止能，任力以穷诈[③]。两者偏用，则境内之民壹；民壹，则农；农，则朴；朴，则安居而恶出。故圣人之为国也，民资藏于地，而偏托危于外[④]。资藏于地则朴，托危于外则惑。民入则朴，出则惑，故其农勉而战戢也[⑤]。民之农勉则资重，战戢则邻危。资重则不可负而逃，邻危则不归。于无资、归危外托，狂夫之所不为也。故圣人之为国也，观俗立法则治，察国事本则宜。不观时俗，不察国本，则其法立而民乱，事剧而功寡[⑥]。此臣之所谓过也。

【注释】

①生：天性，本性。

②求：要求，借重。

③任力：将功名给予肯出力的人；穷诈：使奸诈之人无法实施其术。

④外：身外；偏托危于外：让偏托之人感到有被惩罚的危险。

⑤农勉：农事得到鼓励；战戢：战事胜利。

⑥剧：多。

【译文】

人的天性：用尺度量后会取较长的东西，称重后会取较重的东西。衡量得失后会选择对自己有利的事。英明的君主认真观察这三种情况，那么治理国家的原则就能确立，而民众的才能就可以得到利用。国家对民众的要求不多，可民众逃避国家约束的办法很多。对内役使民众归属农业，对外让民众专心于作战，所以圣明的君主治理国家，多用禁令来限制民众的才能，利用法力来拒绝欺诈行为。这两个办法普遍使用，国内的民众就会一心无

二了；同众一心，就会专心务农；专心务农，就会淳朴，民众淳朴，就会安于居所而讨厌外出了。所以圣明的君主治理国家，让民众的收入来源寄托到土地里，而很少去靠诡诈在外游荡谋食。民众将收入来源寄托到土地上就会淳朴，依靠诡诈在外谋食就会惑乱。民众对内朴实，对外感到迷惑，便会努力务农，并作战积极。民众努力务农，资本就会增多，作战团结勇敢，邻国就会危险。财物太多就不容易带着出逃，邻国危险就不会去投靠。没有资本，投身到外国的危险之地，就是疯子也不会这么做。所以圣明的君主治理国家，观察风俗，确立法规，就能治理好国家。弄清国家的根本在农战，就能制定适当的国策。不观察当时的风俗，不考察国家的根本，那么国家法令就是制定了民众也会混乱。事务繁忙而功绩少，这就是我所说的过失啊。

【原典】

夫刑者，所以禁邪也；而赏者，所以助禁也。羞辱劳苦者，民之所恶也；显荣佚乐者，民之所务也。故其国刑不可恶而爵禄不足务也，此亡国之兆也。刑人复漏①，则小人辟淫而不苦刑②，则徼幸于民上③。徼幸于民上以利求，显荣之门不一，则君子事势以成名。小人不避其禁，故刑烦。君子不设其令，则罚行④。刑烦而罚行者，国多奸。则富者不能守其财，而贫者不能事其业，田荒而国贫。田荒，则民诈生；国贫，则上匮赏。故圣人之为治也，刑人无国位⑤，戮人无官任⑥。刑人有列⑦，则君子下其位；衣锦食肉⑧，则小人冀其利⑨。

君子下其位，则羞功；小人冀其利，则伐奸[10]。故刑戮者所以止奸也，而官爵者所以劝功也。今国立爵而民羞之，设刑而民乐之。此盖法术之患也。故君子操权一正以立术[11]，立官贵爵以称之，论荣举功以任之，则是上下之称平。上下之称平，则臣得尽其力，而主得专其柄。

【注释】

①复：覆盖，引申为庇护。漏：遗漏，漏网。

②辟：邪僻，不老实；淫：淫逸。苦：害怕。

③徼幸：侥幸。

④行：错乱。

⑤刑人：受刑责的人，即罪犯。

⑥戮（lù）人：罪人。

⑦列：官职、爵位。

⑧衣锦：穿官服。

⑨冀：贪图，希望。

⑩伐：夸奖。

⑪正：政策。

【译文】

刑罚，是用来禁止作奸犯邪的工具。赏赐，是用来辅助刑罚的工具。羞耻、侮辱、疲劳、痛苦都是人民所憎恶的。显贵和安逸，是人民所追求的。如果国家的刑罚没有人畏惧，爵禄不足以

诱人去追求，这是亡国的预兆。该受刑罚的人得到隐藏庇护，百姓就会邪僻放纵，不会害怕遭受刑罚，从而对君上存着侥幸心理，而去追求私利。如果显贵荣耀不是出于一个门路，那么官吏就会攀附势力、巧取名誉。百姓不怕犯法，刑罚就要频繁；官吏不执行法令，刑罚就要错乱。刑罚频繁而又错乱，奸邪之人就会多起来。这样，富人就不能保护他们的财产，穷人就难以从事他们的职业，土地就会荒废，国家就会贫穷。土地荒废，人民就要诈骗。国家贫穷，国君就缺少财物用于赏赐。所以圣人治国，受过刑的人在社会上没有地位，犯过罪的人在朝廷上没有官做。如果受过刑的人还有地位，官吏就会看不起自己的地位。如果犯过罪的人还过着锦衣玉食的生活，百姓就会贪图非份的利益。

官吏看不起自己的职位，就会羞于建功立业。百姓贪图非份的利益，就会夸示自己的奸巧。所以刑罚是禁止人们作奸犯科的，官爵是鼓励人们建功立业的。现在国家设置官爵，而人们认为可耻；设立刑罚，人们却觉得可笑。这就是律法和权术的弊病吧。因此，国君必须操控大权，统一政策，制定管控办法。通过设置官吏、授予爵位来激励人民，按照功勋大小来任用官吏。这样，衡量上级下级的秤就会公平了。上下公平，臣民就能用尽他们的力量，国君也就能掌握好自己的权柄了。

七、开塞

【本篇简介】

开塞，指打开闭塞的道路，开辟新的“兴王之道”。商鞅所说的已塞之道就是商汤和周武王用武力统一天下的道路，他认为时代已经变化，不可用儒家仁政的方法来一统天下，而提倡采取以刑去刑的办法来实施管治。文中上世、中世、下世，分别对应于西周、春秋至战国中期、战国晚期三个历史阶段，反映了商鞅学派的历史观以及主张建立君主集权制的政治思想。

【原典】

天地设而民生之[①]。当此之时也，民知其母而不知其父，其道亲亲而爱私[②]。亲亲则别，爱私则险。民众，而以别、险为务，则民乱。当此时也，民务胜而力征[③]。务胜则争，力征则讼[④]，讼而无正，则莫得其性也。故贤者立中正[⑤]，设无私[⑥]，而民说仁。当此时也，亲亲废，上贤立矣。凡仁者以爱利为务，而贤者以相出为道。民众而无制，久而相出为道，则有乱。故圣人承之，作为

土地、货财、男女之分。分定而无制，不可，故立禁；禁立而莫之司，不可，故立官；官设而莫之一⑦，不可，故立君。既立君，则上贤废而贵贵立矣。然则上世亲亲而爱私，中世上贤而说仁，下世贵贵而尊官。上贤者以道相出也，而立君者使贤无用也。亲亲者以私为道也，而中正者使私无行也。此三者非事相反也⑧，民道弊而所重易也⑨，世事变而行道异也。

【注释】

①设：设置，古人有开天辟地之说。

②其道：那个时候的道理或原则。亲亲：爱亲人。爱私：追求私利。

③务胜：因为亲亲而爱私，则谁先占有归谁，民众常常为占有利益而争胜。力征：凭力气来抢夺。

④讼：指争讼。

⑤中正：公平且公正；立中正：设立公正合理的准则。

⑥设无私：设立没有亲亲观念的断案标准。

⑦莫之一：倒装句，莫一之，指没有人统一、规范他们。

⑧事相反：人们治理国家的方法相反。

⑨民道弊：人民行为中的弊病。弊：弊端。

【译文】

开天辟地之后，人类随之出现。当时，人们只知道自己的母亲却不知道自己的父亲，他们处世的原则是爱自己的亲人，以及追求私利。爱亲人，就会区别亲疏；谋求私利，就会心存邪恶。人民众多，又都区别亲疏，心存邪恶地为己谋私，就会混乱。这个时期民众都务求胜过对方来竭力争夺财物，这样就产生了争斗。发生了争斗又没有正确的解决措施，人们就会失去本性。所以有道德的贤人确立了公正的标准，制定了无私的准则，因此人们喜欢仁爱。此时只爱自己亲人的狭隘思想被废除，崇尚有德之人的思想被确立。凡是讲仁爱的人，都把爱护、方便别人当作自己的本分，而贤德之人把推举有能力的人当作原则。人口众多，而没有制度，长期把推举贤人作为治理准则，这样又发生混乱了。所以，圣人顺应当时社会的发展的需要，制定了关于土地、财货、男女等的归属权。名分虽定了却没有制度加以保障还不行，因此又设立了法令；法令确立了而没有人来管理也不可，因此又设立了官职；官吏有了而没有人统一领导不行，所以设立了君主。既然确立了君主，那崇尚贤德的思想就废除了，而崇尚显贵的思想又树立了起来。如此看来，远古时代，人们爱自己的亲人并追求私利；中古时代，人们崇尚贤人仁爱；近世，人们的思想是推崇权贵而尊重官员。崇尚贤德的人，所遵循的原则是推举贤人，可确立了君主之后，崇尚贤人的准则就没有用处了。亲近亲人，是以自私自利为原则，而中立公正的原则让追求私利行不通了。这三种情形，不是做的事互相违背，而是因为社会形势变了，人们所关注的重点，以及所要施行的标准也不一样了。

【原典】

故曰：王道有绳[①]。夫王道一端，而臣道亦一端，所道则异，而所绳则一也[②]。故曰：民愚，则知可以王；世知，则力可以王。民愚，则力有余而知不足；世知，则巧有余而力不足。民之生[③]，不知则学，力尽则服。故神农教耕而王天下，师其知也；汤、武致强而征诸侯，服其力也。夫民愚，不怀知而问；世知，无余力而服。故以王天下者并刑[④]，力征诸侯者退德[⑤]。

圣人不法古，不修今[⑥]。法古则后于时，修今则塞于势。周不法商，夏不法虞，三代异势，而皆可以王。故兴王有道，而持之异理。武王逆取而贵顺[⑦]，争天下而上让。其取之以力，持之以义。今世强国事兼并，弱国务力守，上不及虞、夏之时，而下不修汤、武。汤、武之道塞，故万乘莫不战，千乘莫不守。此道之塞久矣，而世主莫之能废也，故三代不四[⑧]。非明主莫有能听也[⑨]，今日愿启之以效。

【注释】

①王道：称王之道。绳：规律、准则。

②绳：标准。一：行为标准没有不同。

③生：通性。

④并：摒除。

⑤退德：排除、排斥、不考虑德行。

⑥修：遵循，因循。

⑦逆：强夺；顺：礼让。

⑧三代不四：只有三代，而不能变成四代。指春秋战乱多年，而没有出现汤武那样的名君而继之，从而使国家稳定繁荣。

⑨能听：能够听懂并遵照执行。

【译文】

所以说：统治天下的原则是有规律的。君主治理天下的原则是一个方面，而大臣辅助君主治理天下的原则又是一个方面，他们所奉行的原则不同，但准则却一样。所以说：民众愚笨，那么依靠智慧就能称王天下；世人聪明，那么依靠实力就可称王天下。民众愚笨，力量有余而智慧不足；世人聪慧，聪明有余而实力不足。人的本性：不懂的就要学，力量用尽了就会服输。所以神农教会人们从事农业生产而称王天下，这是因为人们要学习他的智慧；商汤和周武王凭借强大的实力征服了诸侯，这是诸侯屈服于他的实力。民众愚笨，心中没有知识，就要向别人请教；世人聪明，用尽力量时就会屈服。所以靠智慧称王天下的就会抛弃刑罚，用实力来征服诸侯的人就不用德政。

圣人不效法古代，也不局限于现状。效法古代就会赶不上时代，局限于现状就会被社会形式阻挡。周朝不效法商朝，夏朝不效法虞舜时代。三代社会形式不同，却都能够称王天下。所以兴盛天下有一定原则，而守住天下的办法却不相同。周武王靠叛逆的方法夺取政权，却又顺从君主的原则来治理国家，用武力夺取天下，又崇尚谦让的仁德思想。周武王夺取天下靠的是暴力，守住天下靠的却是礼制。现在强国致力于用武力兼并别国，弱国则尽力于防守，从远来说赶不上虞、夏两个时代，从近来说又不遵循商汤、周武王的治国原则。像商汤、周武王那样的治国之道被

堵塞了，所以拥有万辆兵车的国家没有不征战的，有千辆兵车的国家没有不防守的。商汤、周武王的治国方法已经被塞堵很久了，可现在的君主没有谁能开启这些方法，因此，没有出现第四个像夏、商、周那样的朝代。不是英明的君主不能听从这样的道理，今天我愿意通过剖析来论证这个道理。

【原典】

古之民朴以厚，今之民巧以伪。故效于古者，先德而治；效于今者，前刑而法。此俗之所惑也。今世之所谓义者，将立民之所好，而废其所恶；此其所谓不义者，将立民之所恶，而废其所乐也。二者名贸实易[①]，不可不察也。立民之所乐，则民伤其所恶；立民之所恶，则民安其所乐。何以知其然也？夫民忧则思，思则出度；乐则淫，淫则生佚[②]。故以刑治，则民威[③]；民威，则无奸；无奸，则民安其所乐。以义教则民纵，民纵则乱，乱则民伤其所恶。吾所谓利者，义之本也；而世所谓义者，暴之道也。夫正民者，以其所恶，必终其所好；以其所好，必败其所恶。

治国刑多而赏少，故王者刑九而赏一，削国赏九而刑一。夫过有厚薄，则刑有轻重；善有大小，则赏有多少。此二者，世之常用也。刑加于罪所终[④]，则奸不去；赏施于民所义[⑤]，则过不止。刑不能去奸而赏不能止过者，必乱。

【注释】

①名贸实易：名称和实质互换。贸、易：交换。

②佚：指安逸。

③民威：民惧怕其威。

④罪所终：罪过发生之后。

⑤义：仁义。

【译文】

古时民众淳朴敦厚，现在的民众乖巧虚伪。所以在古代有效的方法，就是把道德教化放在首位，然后管治；现在治理国家有效的方法，就是把使用刑罚放在前面，然后执行法制。这个古今不同的治理方法世俗之人是不能理解的。现在社会上所说的义，就是要确定民众所喜爱的，废除民众的所讨厌的。现今时代所说的不义，则要确立人们所讨厌的，去掉人民所喜爱的。二者名实不同，不能不弄清楚。确立民众所喜欢的，那么民众就会被他们所讨厌的东西伤害；确立民众所讨厌的，那民众就会享受他们所喜欢的事物。凭什么知道是这样呢？人忧虑就会思考，思考了做事就能合乎法度；人快乐就放纵，放纵了就会产生安逸懒惰的思想。因此用刑罚治理，民众就会畏惧；畏惧了，就不会有邪恶的事发生；没有邪恶的事发生，民众就可以享受他们的快乐了。用道义来教化，民众会放纵，民众放纵，就会生乱；生乱，就会被民众所讨厌的东西伤害。我所说的刑罚，是实施道义的根本；而世人所说的义是暴乱的原因。治理民众的人，如果用他们所讨厌的东西去治理，最终民众一定能得到他们所喜欢的；如果用他们所喜欢的来治理，民众一定会受害于他们讨厌的东西。

社会治理好的国家，刑罚多而赏赐少。所以称王天下的国家，九分刑罚，一分赏赐；政治混乱的国家，赏赐多而刑罚少。衰弱的国家，九分赏赐，一分刑罚。人的过失有大有小，所以刑罚有重有轻；人的善行有大有小，所以赏赐有多有少。这两项是世人常用的法则。然而刑罚加在犯罪以后，奸邪并不会消失。奖赏加诸仁义之士，则过错并不会终止。刑罚不能除去奸邪，赏赐不能遏止罪过，国家一定会混乱。

【原典】

故王者刑用于将过，则大邪不生；赏施于告奸，则细过不失。治民

能使大邪不生、细过不失，则国治。国治必强。一国行之，境内独治。二国行之，兵则少寝[①]。天下行之，至德复立。此吾以杀刑之反于德而义合于暴也。

古者民藂生而群处[②]，乱，故求有上也。然则天下之乐有上也，将以为治也。今有主而无法，其害与无主同；有法不胜其乱，与无法同。天下不安无君[③]，而乐胜其法[④]，则举世以为惑也。夫利天下之民者莫大于治，而治莫康于立君[⑤]，立君之道莫广于胜法[⑥]，胜法之务莫急于去奸，去奸之本莫深于严刑。故王者以赏禁[⑦]，以刑劝[⑧]；求过不求善，藉刑以去刑[⑨]。

【注释】

①寝：息。少寝：稍微停顿、或减少一些。

②藂（cóng）：丛，聚的意思。群处：群居。

③安无君：相当于没有君主。

④乐胜其法：乐于接受强制自己的法律。

⑤康：有效。

⑥胜法：提升和确保法律的效力。

⑦以赏禁：用奖赏鼓励告奸，从而杜绝违法。

⑧以刑劝：用实施刑罚来劝阻人们违法。

⑨藉（jiē）：借助。

【译文】

因此，成就王业的君主，把刑罚用在人民将要犯罪的时候，大的奸邪就不会产生；把赏赐用在告发犯罪方面，小的罪过也不致漏网。治理人民能够使大的奸邪不产生，使小的罪过不漏网，国家就可以治理好了。国家治理好了，就一定会强大。一个国家这样做，他的国家就可以独享清明安定。两个国家这样做，战争就可以稍微停止。天下都这样做，最高的道德就会重新建立起来。所以我认为杀戮、刑罚能够合乎道德，而义反倒合于暴力。

古代人们聚在一起群居，秩序混乱，所以要求有首领。如此看来，天下的人之所以愿意有首领，是为了追求天下安定。现在有君主而没有法规，它的危害程度与没有君主相同；有了法规而不能制止混乱和没有法规相同。天下的人都不希望没有国君，却又喜欢凌驾于君主所制定的法规之上，那么天下的人就都会感到困惑。对于天下民众来说，没有比治理国家更重要的；治理国家最重要的事，没有比确立君主的统治地位更重要的；确立君主统治地位的原则，没有比施行法治的意义更大的；实施法治的任务，没有比除掉邪恶更急迫的；去掉邪恶的根本，没有比严厉刑罚更重要的。所以称王天下的君主用赏赐禁止人民犯罪，用刑罚来规范民众举止；追究民众的过错，不理会民众的善举，借助刑罚除掉刑罚。

八、壹言

【本篇简介】

壹言，是围绕立国的原则，对统一、专一方面的问题进行具体论述。所阐述的重点是：推行明确而统一的政令措施；建立赏罚制度，鼓励人民建功立业；公私分明，遏制放纵的行为，依法处理相关事务；聚合人民的力量和消耗人民的力量对于安邦治国的作用等。

【原典】

凡将立国，制度不可不察也[①]，治法不可不慎也，国务不可不谨也，事本不可不抟也[②]。制度时[③]，则国俗可化，而民从制；治法明，则官无邪；国务壹[④]，则民应用；事本抟，则民喜农而乐战。夫圣人之立法、化俗，而使民朝夕从事于农也，不可不变也。夫民之从事死制也[⑤]，以上之设荣名、置赏罚之明也，不用辩说私门而功立矣。故民之喜农而乐战也，见上之尊农战之士，而下辩说技艺之民，而贱游学之人也[⑥]。故民壹务，其家必富，而身显于国。上开公利而塞私门，以致民力；私劳不显于国，私门不请于君。若此，而功臣劝，则上令行而荒草辟，淫民止而奸无萌。治国能抟民力而壹民务者，强；能事本而禁末者⑦，富。

【注释】

①察：清楚，明白。

②本：根本。抟：集中力量。

③时：合乎时宜。

④壹：专一。

⑤从事：参与。死：为……而死。制：制度。

⑥贱：轻视。

⑦禁末：停止不重要的事务。

【译文】

凡是建立国家，对于制度的建立不能不明白，对于政策法令的制定不能不慎重，对于国家政务的处理不可不谨慎，对于国家的根本不可不集中力量去从事。国家的制度合于时势，国家的风俗就能改变，民众就能遵守服从制度；政策法度清明，官吏中就不会发生邪恶的事；国家的政务统一，民众就能顺应实行；国家所从事的根本之业专一，民众就会听从使用；事业集中，那么民众就会喜欢农耕而愿意打仗。圣人确立法令法规改善风俗，目的是让民众早晚从事农耕，这是不能不弄明白的。民众之所以肯为国家拼死效力，是因为君主设立了荣誉和名位，制定了明确的奖赏和惩罚的制度，民众不用靠空谈和私自请托的门路来建功立业。民众之所以喜欢从事农耕而愿意打仗，是因为看见君主尊重从事农耕和作战的人士，看轻靠辩论和手工业吃饭的人，更轻视那些到处空谈游说的人。所以民众专心从事农战，他的家一定富裕，而且自己也会在国家中显贵，进入朝廷为官。君主打开为国家出力的门路，而堵住私自请托权贵的门路，用这种办法达到吸引民众力量的目的；为私人效力不能在国家中显贵，私人也不能请托于君主。如果这样，为国家立功的人得到鼓励，那么君主的命令就能得到贯彻，

荒地就能得到开垦，四处游荡的人就会停止，而邪恶的犯罪现象也就不会发生。治理国家能集聚民众的力量，专心从事务农与作战，国家就会强大；能够使民众从事根本的事务（农战）而减少次要的事情（指商业、手工业等），国家就会富足。

【原典】

夫圣人之治国也，能抟力，能杀力。制度察则民力抟，抟而不化则不行[①]，行而无富则生乱。故治国者，其抟力也，以富国强兵也；其杀力也[②]，以事敌劝民也[③]。夫开而不塞，则短长[④]；长而不攻，则有奸。塞而不开，则民浑[⑤]；浑而不用，则力多；力多而不攻，则有奸虱。故抟力以壹务也，杀力以攻敌也。

治国者贵民壹，民壹则朴，朴则农，农则易勤，勤则富。富者废

之以爵[⑥]，不淫；淫者废之以刑，而务农。故能抟力而不能用者必乱，能杀力而不能抟者必亡。故明君知齐二者[⑦]，其国强；不知齐二者，其国削。

【注释】

①化：转化。

②杀：消耗。

③事：应对，对付。劝：勉励，鼓励。

④短：智慧。长：增长。

⑤浑：糊涂。

⑥废：衰败，此指消耗。

⑦齐：同“剂”字，为调节和调剂之意。

【译文】

圣明的君主治理国家，能集聚民众的力量，也能消耗民众的力量。制度明确，就能聚合民众的力量，民众的力量被聚合却不加以转化使用不行，民众为国家出力却得不到回报，就会出现动乱。因此，治理国家的人，集合民众的力量是为了使国家富裕，使军队强大；消耗民众的力量，是为了对付敌人鼓励民众立功。如果国君只打开为国出力受赏的门路，而不堵住为私人效力请托的门路，那么民众的智谋就会增长；民众的智谋多了而不加以教育，就会发生邪恶的事。堵住私人门路而不打开为国家出力受赏的门路，民众就会糊涂愚昧；民众糊涂又不被使用，那么民众的力量就无处用；民众的力量无处使用，又不用来攻打敌国，就会产生虱害。所以聚合民众的力量用于专心农战，而消耗力量用来攻击敌人。

治理国家贵在使民众目标一致，民众专一就淳朴，淳朴就会务农，民众务农就会变得勤劳，勤劳就会富裕。用爵禄令富人放下富贵，他们就不会放纵；用刑罚制止放纵的人不再放纵，他们就会去务农。所以能聚合民众的力量而不能使用民众的力量，国家就会生乱；能使用民众的力量而不能聚合民众的力量，国家一定会灭亡。因此圣明的君王知道调剂这两个方面，国家就强大；不知道调剂这两者，这个国家就会衰弱。

【原典】

夫民之不治者，君道卑也①；法之不明者，君长乱也②。故明君不道卑、不长乱也；秉权而立，垂法而治③，以得奸于上，而官无不；赏罚断，而器用有度。若此，则国制明而民力竭，上爵尊而伦徒举④。今世主皆欲治民，而助之以乱；非乐以为乱也，安其故而不窥于时也。是上法古而得其塞⑤，下修令而不时移，而不明世俗之变，不察治民之情，故多赏以致刑，轻刑以去赏。夫上设刑而民不服，赏匮而奸益多。故民之于上也，先刑而后赏。故圣人之为国也，不法古，不修今，因世而为之治，度俗而为之法。故法不察民之情而立之，则不成；治宜于时而行之，则不干⑥。故圣王之治也，慎法、察务，归心于壹而已矣。

【注释】

①卑：低下，不高明。

②长：助长。

③垂法：设置法律或法规。

④伦徒：民众。

⑤法：效仿，仿照。

⑥干：冒犯。

【译文】

民众没有管理好，是因为君主的政治措施平庸；国家的法规不能严明执行，是因为国君助长了动乱的因素。所以英明的君主不会放松统治措施，也不会助长动乱因素。国君掌握大权，主持朝政，根据法律治理国家，在朝堂上能慧眼察出奸邪之人，官吏也就没有恶行；赏罚决断有据，行事也就彰显了规矩。如果这样，国家就会制度明确，而民众的力量也能被充分使用；君主设置的爵位尊贵，而各类人物也能被任用。现在列国的君主都想要治理好民众，却滋长了产生动乱的因素。并不是他们乐意让民众乱，只是因为他们固守过去的陈规旧习弄不清楚当前的形势。这样的话，他们对上效法古代而得到的东西却在今天行不通，向下拘泥于现状却赶不上时代的发展，不明白社会风俗的变化，不了解治理民众的情况。因此滥用奖赏反而招致了使用刑罚，减少刑罚又使奖赏没有作用。君主设立了刑罚可民众不服从，奖赏用尽了邪恶犯罪的事却更多。所以民众对于国君，都是先接受刑罚的约束而后受到奖赏。因此，圣明的君主治理国家，不效法古代，不拘泥现状，根据社会发展的具体情况来制定适应的政策，考察社会风俗来制定法令。假如对法度的确立不考察民众的具体情况而设立，就不会成功；对政策确立能适应当时的形势要求，就不会被冒犯和抵触。所以英明的君主治理国家，一定会慎重去做，认真考察情况，将思想集中于农耕和作战上。

九、错法

【本篇简介】

本篇主要谈论施行法制必须注重的几个方面：一是赏罚的原则清楚明确，这样人民才能竞相践行立功，以获取爵禄；二是推行奖罚制度时，要注重考虑人的情感因素，因为人都有好恶的心理，所以奖赏要呈现荣耀，刑罚要产生畏惧；三是法令要严明并坚守，尤其君主作为最高领导人，行事和决策更要谨慎，这样，管制才会达到成效。

【原典】

臣闻：古之明君，错法而民无邪[①]，举事而材自练[②]，赏行而兵强。此三者，治之本也。夫错法而民无邪者，法明而民利之也。举事而材自练者，功分明[③]；功分明，则民尽力；民尽力，则材自练。行赏而兵强者，爵禄之谓也。爵禄者，兵之实也。是故人君之出爵禄也，道明[④]。道明，则国日强；道幽，则国日削。故爵禄之所道，存亡之机也[⑤]。夫削国亡主非无爵禄也，其所道过也。三王五霸，其所道不过爵禄，而功相万者，其所道明也。是以明君之使其臣也，用必出于其劳，赏必加于其功。功赏明，则民竞于功。为国而能使其民尽力以竞于功，则兵必强矣。

【注释】

①错法：施行法制。错，同“措”，设置之意。

②举事：推行事务。练：干练。

③功分：职分。

④道明：原则明确。

⑤机：关键。

【译文】

我听说：古代的明君，施行法治，民众就没有邪恶的行为；推行农战事务，自然能造就干练的人才；实行赏罚，军队就会强大。这三个方面是治理国家的根本。君主施行法治，民众没有邪恶行为，是因为法度严明而民众认为对自己也有保护的利益；推行政务，人才自然干练，是因为职分分明。职分分明，民众就竭尽全力，人民竭尽全力，人才就自然干练。施行赏罚，军队力量就强大，那是对官爵和俸禄而说的。爵位和俸禄是军队用来奖赏的财物。因此，君主赏赐爵位和俸禄，必须明确公开公正的原则。遵循公开公正的原则，国家就会一天天强大；遵循的原则不公正，国家就会一天天衰弱。所以赏赐的原则公正与否，是国家存亡的关键。那些衰弱的国家，亡国的君主，并不是没有奖赏爵位和俸禄，而是赏赐的原则有问题。三王五霸，他们所运用的方法也只是奖赏爵位和俸禄，可是他们所达到和功效与其他君主相比高出万倍，原因是他们奖赏的原则正确。因此，英明的君主使用他的大臣时，重用他们，一定是因为他们对国家的功劳，奖赏一定要加在他们的功绩上。论功行赏原则明确，民众就会争着立功。治理国家能让民众争着立功，军队实力就必然强大了。

【原典】

同列而相臣妾者，贫富之谓也；同实而相并兼者，强弱之谓也；有地而君，或强或弱者，乱治之谓也。苟有道[1]，里地足容身，士民可致也；苟容市井[②]，财货可聚也。有土者不可以言贫，有民者不可以言弱。地诚任[③]，不患无财；民诚用，不畏强暴。德明教行，则能以民之有为己用矣。故明主者用非其有，使非其民。

明王之所贵[④]，惟爵其实，爵其实而荣显之。不荣则民不急列位；不显[⑤]，则民不事爵。爵易得也，则民不贵上爵。列爵禄赏不道其门[⑥]，则民不以死争位矣。人君而有好恶，故民可治也。人君不可以不审好恶。好恶者，赏罚之本也。夫人情好爵禄而恶刑罚，人君设二者以御民之志[⑦]，而立所欲焉。夫民力尽而爵随之，功立而赏随之，人君能使其民信于此如明日月，则兵无敌矣。

【注释】

①苟：假如，如果。

②市井：集市。

③诚：实在，确实。任：使用，开发。

④贵：看重，重视。

⑤列位：颁予爵位。

⑥门：途径。

⑦御：驾驭，控制。

【译文】

原本处在同等地位的人而一方迫使另一方称臣，这是因为贫富不同；同是国家的一方被人兼并，这是因为国家强弱不同；拥有土地而做了君主，可有的强大有的弱小，这是因为政治清明不

同。如果拥有道路与街里，土地足可以安身，就可以吸引到有才能的人；假如置身于买卖交易的集市，便可以聚集财物。拥有土地就不能说是贫穷，拥有民众就不能说自己弱小。土地被有效实在的利用，就不愁没有财富；民众被正确役使，就不会惧怕强大的敌人。君主的品德圣明，法令能执行，就能使民众的力量为自己所用。所以英明的君主能利用不是自己的东西，役使不属于自己的民众。

英明的君主所看重的，只是按照实际情况授予官爵，依据实际情况授予爵位，使他们感觉到荣耀显贵。假如不觉得荣耀，民众就不会急于得到爵位；假如觉得不显贵，民众就不会追求爵位；爵位容易获得，民众就不会重视君主赐给的爵位。赐予爵位，给予俸禄奖赏不遵循正常的门路，民众就不会拼死争夺爵位了。人天生就有喜欢和讨厌的东西，所以君主能利用它治理好民众。因此君主不能不明白民众的喜好和厌恶。民众的喜好和厌恶是使用奖赏和刑罚的根本。喜欢爵位俸禄而讨厌刑罚是人之常情，所以君主设置这两种制度来驾驭民众的志向，而设立民众想要的爵禄。民众尽心尽力，那爵位也随之得到，建立了功绩，那奖赏也随之得到了。如果君主能让他的民众相信这一点就像想念明亮的太阳和月亮一样，那军队就会无敌于天下了。

【原典】

人君有爵行而兵弱者，有禄行而国贫者，有法立而乱者。此三者，国之患也。故人君者先便请谒[①]，而后功力，则爵行而兵弱矣。民不死犯难[②]，而利禄可致也，则禄行而国贫矣。法无度数[③]，而事日烦，则法立而治乱矣。是以明君之使其民也，使必尽力以规其功[④]，功立而富贵随之，无私德也，故教流成。如此，则臣忠君明，治著而兵强矣。

故凡明君之治也，任其力不任其德。是以不忧不劳，而功可立也。度数已立，而法可修。故人君者不可不慎己也。夫离朱见秋豪百步之外[⑤]，而不能以明目易人；乌获举千钧之重[⑥]，而不能以多力易力。夫圣人之存体性，不可以易人，然而功可得者，法之谓也。

【注释】

①便（pián）：君主宠幸的人。请谒：请托。

②不死犯难：不需要拼死作战。

③度数：原则，标准。

④规：谋求。

⑤离朱：指离娄，上古时期人，眼力极好。传说古时黄帝游赤水之北，登昆仑之丘，丢失了玄珠，黄帝就命离朱去寻找。因为他“能视于百步之外，见秋毫之末”。

⑥乌获：战国时秦国的大力士。

【译文】

有君主授予爵位而军队的实力反而削弱的，有发放了俸禄而国家依然贫穷，有设立了的法度而社会政治还是混乱的，这三种情况是国家的祸患。如果君主首先看重宠臣的请托，而把有功劳的人放在后面，那虽然实行爵禄封赏，军队的实力却被削弱了。民众不需要拼死作战，利禄便可轻易得到，那虽然发放了俸禄，国家却贫穷了。立法没有标准，而国家的事务日益增多，那么虽然确立了法制，社会仍然会混乱。所以英明的君主役使他的民众，一定要令他们竭力来谋求立功的事，有了功绩富贵便随之而来，除此之外，没有私下的奖赏，国家的政令就能够成功执行。像这样，臣子忠诚，君主英明，政绩显著而兵力强大。

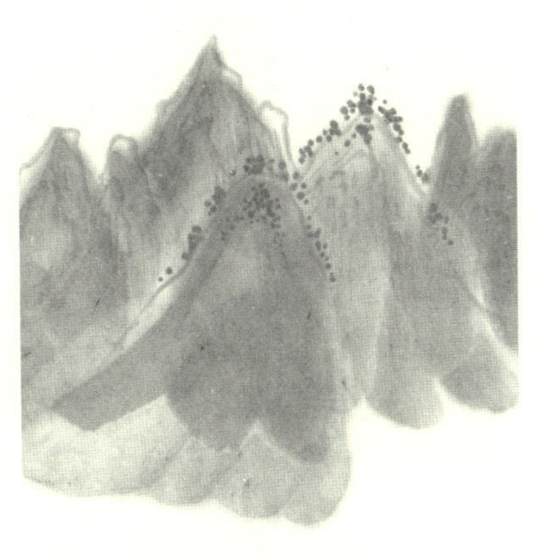

所以英明的君主治理国家，会根据民众为国家出力的情况加以任用，而不是根据私人情感使用。因此，不忧心不劳累便可将功绩建立起来。立法的标准确立了，法令才可以执行。因此君主不能不慎重地行事。离朱能在百步之外看清鸟兽身上的细毛，却不能将他的好眼力转给别人；乌获能举起上千斤的重物，却不能将大力气转给别人。圣人自身所具有的特殊禀性，也不能转给别人，但是功业却可以建立，这是因为法治啊。

十、战法

【本篇简介】

本篇从前面改革的论述转移到战法的论述，着重讲述了作战的原则和方法。阐明了战争胜负的关键取决于政治制度的优劣，决策是否正确。其次，强调要多方面地考察敌我双方力量的情况，即要“论敌察众”，这样就可以预知胜负。再次，肯定了将帅在战争指挥方面的作用，即“若兵强弱敌，将贤则胜，将不如则败”。此外，还指出要“胜而不骄”“败而不怨”，正确认识和对待战争的胜负问题。由此，进一步将变法的理论基础和变法中的一个核心内容战争结合了起来。

【原典】

凡战法必本①于政。政胜②，则其民不争。不争，则无以私意，以上为意。故王者之政，使民怯于邑斗③，而勇于寇战④。民习以力攻难⑤，难故轻死。见敌如溃⑥，溃而不止，则免。故兵法：“大战胜，逐北无过十里。小战胜，逐北无过五里。”兵起而

程敌[7]，政不若者，勿与战；食不若者，勿与久[8]；敌众勿为客；敌尽不如，击之勿疑。故曰：兵大律在谨[9]，论敌察众，则胜负可先知也。

【注释】

①本：根本，基础。

②政胜：政治上的优胜。

③邑斗：地方上的私斗。

④寇战：与敌人作战。

⑤攻难：即攻打艰险的要塞和强悍的敌人。

⑥溃：溃败，溃逃。

⑦程：估量。

⑧久：久战。

⑨大律：重要的原则。谨：谨慎。

【译文】

一般说来，战争的策略必须以政治上的胜利为根本。政治上占据优势，人民才不起争端。人民不起争端，才不会逞个人的意志，而以君主的意志为意志。所以成就王业的国君政治，使人民羞怯与自己的乡里人争斗，而勇于和敌人作战。人民习惯于用力量攻打凶险的地方和强悍的敌军，这是艰难的；做到了难以做到的，所以就没有怕死的心情。看见敌兵像决堤一样败退，奔跑不停，就放他们跑吧！兵法说："大战打胜了，追赶败兵，不要超过十里。小战打胜了，追赶败兵，不要超过五里。”军队采取行动，要先衡量敌方的力量。政治比不上敌国清明时，就不要与之作战；粮食比不上敌国多，就不要与之相持；敌兵比我们多时，就不要做进攻；敌国一切都赶不上我们，攻打它就不必迟疑。所以说：用兵的重大法则在于谨慎，研究敌情，考察兵力，这样或胜或败就可以预先知道。

【原典】

王者之兵，胜而不骄，败而不怨。胜而不骄者，术明也[①]；败而不怨者，知所失也。若兵敌强弱，将贤则胜[②]，将不如则败。若其政出庙算者[③]，将贤亦胜，将不如亦胜。政久持胜术者，必强至王。若民服而听上，则国富而兵胜，行是，必久王。其过失，无敌深入[④]，偕险绝塞[⑤]，民倦且饥渴，而复遇疾，此其道也。故将使民者乘良马者，不可不齐也[⑥]。

【注释】

① 术明：精通用兵之道。

②贤：有才干。

③庙算：古时候拜将出兵，在宗庙举行仪式，并筹划作战策略。此指朝廷的决策。

④无敌，指眼里没有敌人，即轻敌。

⑤偕险绝塞：指冒险深入绝境。

⑥齐：同“剂”字，为调节和调剂之意。

【译文】

称霸天下的军队，打了胜仗不骄傲，打了败仗不抱怨。打了胜仗不骄傲，是因为战术高明，打了败仗不抱怨，是因为知道了失败的原因。如果敌我双方实力相当，将领的水平高就能获胜，将领的水平低就会打败仗。假如作战的决策出朝廷的精心谋划，将领有能力的会取胜，将领能力比对方差一些的也能取胜。在政治上长期掌握制胜的战术，国家就一定能强大，直到称王天下。如果民众服从并听信君主的治理，国家就会富强，军队也会战无不胜，实行这一原则，就一定能长期称王天下。用兵的过失，是轻敌冒进，使军队背靠险地，越过边塞，使士兵疲倦且饥渴交加，再加上遇到疾病流行，这是败军之道。所以将领役使士兵，像骑一匹马似的，不能不小心啊。

十一、立本

【本篇简介】

立本，就是确立根基，这是富国强兵的根本。商鞅认为强兵战胜敌人的方法有重要的三个方面：一是作战之前的法治推行，通过法制建立严明的军纪。二是用法治形成民众积极从事农战的风气，三是论功行赏，激发士兵的斗志，以求战无不胜，并让从事农战的风气成为统一战争的工具。

【原典】

凡用兵，胜有三等①，若兵未起则错法②，错法而俗成，俗成而用具③。此三者必行于境内，而后兵可出也。行三者，有二势④：一曰辅法而法行，二曰举必得而法立。故恃其众者，谓之葺⑤；恃其备饰者⑥，谓之巧；恃誉目者⑦，谓之诈。此三者，恃一，因其兵可禽也⑧。故曰：强者必刚斗其意，斗则力尽，力尽则备，是故无敌于海内。治行则货积，货积则赏能重矣。赏壹则爵尊⑨，爵尊则赏能利矣。

故曰：兵生于治而异，俗生于法而万转[⑩]，过势本心而饰于备势[⑪]。三者有论。故强可立也。是以强者必治，治者必强；富者必治，治者必富；强者必富，富者必强。故曰：治强之道三，论其本也[⑫]。

【注释】

①胜有三等：取胜之法有三等。等，步骤之意。

②错：同“措”，实施，推行。

③用：功效和目的。具：具备。

④行：推行；势：局势，趋势。

⑤恃：依仗，有恃无恐之意。葺（qì）：茨的意思；以茅盖屋曰茨，意

思是恃其众者如以茅盖屋，虽多而并不坚固有力。

⑥备饰：装备、装饰。

⑦誉目：好名声。

⑧禽：同“擒”，捉拿。

⑨赏壹：颁布奖赏的条件和标准，统一且专一。爵尊：爵禄显得尊贵。

⑩万转：因应不同的社会需要而千变万化。

⑪过势：发挥出超过表面的实力。势：名气或声势。

⑫论：谈论、探讨；本：根本。

【译文】

凡是用兵作战，有三个获胜的根本：军队还没有出发前就推行法治；推行法治，使民众形成专心从事农战的风气；风气形成了，那战争所需要的人、财、物一切具备了。这三个方面的条件在国内具备了，然后军队才可以出兵。实现这三点有两种情况：一是君主辅助推行法治，法治才能实行，二是君主措施得当，合乎法度，法治才能确立。倘若仗着自己人多势众，就像用茅草盖房子，虽然多但不结实。依仗武器装备美观那叫浮华取巧，却不实用；仗着虚名美誉的，那叫欺诈虚伪。这三个方面，君主依赖其中一条，他的军队就一定会被对方战胜。所以国家必须使他的军队斗志顽强，斗志顽强打仗就会拼尽全力，拼尽全力，军队就会有无穷的潜力，这样的军队才能无敌于天下。国家的政策法令实行了，财富就会积累起来，财富积累起来，国家的赏赐就能丰厚。奖赏专门发给有战功的人，君主颁发的爵位就显得尊贵，爵位尊贵，国家的奖赏就会产生积极的效果。

所以说军队诞生于政治，又因政策的不同而有差异；风俗有法治的约束才能形成，而又随法治的变化而不断变化；运用权势是出于精心考虑，就会出现无往不利的形势。这三个方面清楚了，国家变得强大就可以得到保障了。因此，强大的国家一定社会稳定，社会稳定的国家一定强大；富裕的国家一定社会稳定，社会稳定的国家一定富裕；强大的国家一定富裕，富裕的国家一定强大。所以说国家强大的原因有三个方面，一定要明白它的根本。

十二、兵守

【本篇简介】

兵守即军队防守。本篇着重论述防御的策略和方法。商鞅认为，就地理位置和环境而言，四面受敌的国家必须注重防守。背靠大海的国家，由于没有纵深回旋的余地，可采取进攻的策略。并且阐明，防守要拼命顽强和以逸待劳，以及善于把参战的人员，根据男女老少的不同特点加以组建。

【原典】

四战之国贵守战[①]，负海之国贵攻战。四战之国，好兴兵以距四邻者[②]，国危。四邻之国一兴事[③]，而己四兴军，故曰国危。四战之国，不能以万室之邑舍巨万之军者[④]，其国危。故曰：四战之国务在守战。

守有城之邑，不如以死人之力与客生力战[⑤]。其城拔者，死人之力也，客不尽夷城[⑥]，客无从入，此谓以死人之力与客生力战。城尽夷，客若有从入，则客必罢[⑦]，中人必佚矣[⑧]。以佚力与罢力战，此谓以生人力与客死力战。皆曰："围城之患，患无不尽死而邑。"此三者，非患不足，将之过也。守城之道，盛力也。故曰客治簿檄[9]，三军之多，分以客之候车之数[10]。

【注释】

①四战之国：与邻国接壤，比较容易受攻击的国家。

②距：围困。

③兴事：发动战事。

④舍：安置，使居住。巨：大。

⑤死人之力：拼死的力量。客：敌方，指攻伐国。生力：求生的力量。

⑥夷：夷平，铲除。

⑦罢（pí）：同"疲"，累。

⑧中人：在城里的人。

⑨簿檄：军中的簿册。

⑩候车：侦察敌方情况的车辆。

【译文】

四面受敌的国家重点在于防守，背靠大海的国家贵在打进攻战。假如四面受敌的国家喜欢发兵攻打自己邻国，国家就危险了。因为四面的邻国每发起一次战争，自己就要出兵四次，所以说国家就危险了。四面受敌的国家，如果不能有上万户的城邑驻守数以万计的军队，这个国家就危险了。所以说四面受敌的国家重要任务在

于防守。

防守有城墙的城镇，如果不用决死一战的力量与敌人有生力量作战，那城池就会被攻下。如果守军拼死抵抗的话，敌人难以将城垣全部夷平，入侵者就无法进入城内，这就叫用拼死抵抗的力量与敌人求生的力量作战。如果城垣被夷平，守军全部被杀死，入侵者进城，他们一定极为疲劳，而城内的军队以逸待劳。用以逸待劳的兵力同疲惫的敌军作战，这就叫用精力充沛的有生力量同疲惫的敌人作战。因此人们说："围攻城镇的担忧，在于担心守军没有不拼死守城打仗的。"不是这两种情况，就不是担心实力不够，而是将领战术上的错误。

守卫城镇的原则，是增强自己的力量。因此，假如有敌人来犯，就要马上整理簿册发出征兵文告，招足人员扩充三军，并根据入侵者的情况进行抵抗回击。

【原典】

三军：壮男为一军，壮女为一军，男女之老弱者为一军，此之谓三军也。壮男之军，使盛食、厉兵①，陈而待敌。壮女之军，使盛食、负垒，陈而待令。客至而作土以为险阻及阱格②。发梁撤屋③，给从④，从之；不洽，而熯之⑤，使客无得以助攻备。老弱之军，使牧牛马羊彘⑥，草木之可食者，收而食之，以获其壮男女之食。而慎使三军无相过⑦。壮男过壮女之军，则男贵女，而奸民有从谋⑧，而国亡；喜与，其恐有蚤闻⑨，勇民不战。壮男壮女过老弱之军，则老使壮悲，弱使强怜；悲怜在心，则使勇民更虑，而怯民不战。故曰：慎使三军无相过。此盛力之道⑩。

【注释】

①盛食：吃饱食物。厉兵：磨厉兵器。

②作土：堆土。阱格：陷阱。

③发：挖掘。撤：拆除。

④给从：来得及搬走。给，来得及。从，搬走。

⑤熯（hàn）：燃烧。

⑥彘（zhì）：豕也，即猪。

⑦过：交往，联系。

⑧从：放纵，不检点。

⑨蚤闻：早闻，指早上传来消息。蚤，同“早”。

⑩盛力：增强力量。

【译文】

这三支军队是：壮年男子组成一支军队，壮年女子组成一支军队，对于年老体弱不分男女的人员组成一支军队，这就叫三军。壮年男子组成的军队，让他们吃饱饭，备好武器，排开阵势等待敌人的到来。壮年女子组成的军队，让她们吃饱饭，背着装土用的笼子，排好阵势等待上级的命令。敌军到了，就让她们堆土形成障碍物，以及挖好陷阱。毁坏桥梁，拆除房屋，如果来得及运走，就把拆下的东西运走；如果来不及，就将这些东西烧掉，使敌人不能利用这些东西来攻城。年老体弱的人组成的军队，让他们去放牧牛、马、羊、猪，将植物中它们能吃的收集到一起喂养它们，以便军中的壮年男女获得食物。要谨慎地不让三支军队互相往来。壮年男子到壮年女子的军队中，那男子就会重视女子，一些奸邪的坏人就会想出放纵淫荡的坏主意，国家就会灭亡；男女喜欢在一起，害怕早晚听到打仗的消息，这样就是勇敢的人也不愿意作战了。壮年男子、女子到年老体弱的军中去，老人会让他们感到悲伤，体弱的人会让强壮的人怜悯；有悲伤、怜悯之情埋在心里，就会让勇敢的民众改变主意，而胆小之人就不敢作战了。所以说，不让三支军队互相往来，这是增强防守力量的原则。

十三、靳令

【本篇简介】

靳令，意为严格执行法令。本篇阐述了严格执行法令必须注重的方面，即要有极强的决断力；以法律来治理社会，以赏赐来诱导作战；排除各种阻碍国家富强发展的因素，去除六种虱害；以刑去刑，以言去言，以达到管制的最高境界；实施重刑轻赏，罪轻刑重的策略，以防止出现以刑致刑的现象。

【原典】

靳令[①]，则治不留；法平，则吏无奸。法已定矣，不以善言害法[②]。任功，则民少言；任善，则民多言。行治曲断[③]，以五里断者王，以十里断者强，宿治者削[④]。以刑治，以赏战，求过不求善。故法立而不革[⑤]，则显。民变诛[⑥]，计变诛止。贵齐殊使[⑦]，百都之尊爵厚禄以自伐[⑧]。国无奸民，则都无奸市。物多末众[⑨]，农弛奸胜[⑩]，则国必削。民有余粮，使民以粟出官爵，官爵必以其力，则农不怠。四寸之管无当，必不满也。授官、予爵、出禄不以功，是无当也[⑪]。

【注释】

①靳令：严格执行法令。

②善言：此指所谓仁义道德的空谈。

③曲：乡曲，乡里。

④宿：隔日。治：处理，办理。

⑤革：更改，变动。

⑥诛：惩罚，处治。

⑦贵齐：贵族和平民。殊使：不同的差使。

⑧伐：征战立功。

⑨末：末业，指工商业。

⑩弛：松垮，松懈。

⑪当：底部，底线。

【译文】

严格执行颁布的法令，那么官府处理政务就不会拖延；执法公正，官吏中就不会有邪恶之事发生。法令已经确定，君主就不应该用那些所谓仁义道德的空谈来破坏法令。委任那些在农战中立功的人，民众就少说空话；委任那些所谓的讲仁义道德的善良人，民众就大多喜欢空谈。推行法治，能在下层决断政事，在五个里之内就能做出决断的，君主一定能称王天下；在十个里之内就能做出决断的，国家一定强大；隔天才能将事情处理好的，国家会被削弱。用刑罚来治理国家，用奖赏激励民众作战，注重追究过失而不追求良善。如果法令确立了而不随意更改，就会彰显出法令的严肃。民众明白处罚的法令，心中敬畏处罚法令的严肃，处罚也就停止使用了。贵族和平民被君主以不同的方式使用，但是各都市中尊贵的爵位、丰厚的俸禄都要在征战中立功获得。国家没有违法的民众，那么都市中也就没有违法的市场。如果豪华的生活用品多，经营工商业的人多，农业生产就会松懈，邪恶的事就会多，那么国家就会被削弱。民众有了多余的粮食，让民众用粮食换取官爵，得到官爵一定要靠自己的能力，农民就不会懒惰了。四寸长的竹管子没有底，一定装不满。授予官职，给予爵位、发放俸禄不靠功绩，那么赏赐也就没有底了。

【原典】

国贫而务战，毒生于敌[①]，无六虱，必强。国富而不战，偷生于内，有六虱，必弱。国以功授官予爵，此谓以盛知谋[②]，以盛勇战。以盛知谋，以盛勇战，其国必无敌。国以功授官予爵，则治省言寡，此谓以治去治、以言去言。

国以六虱授官予爵，则治烦言生，此谓以治致治、以言致言。则君务于说言[③]，官乱于治邪，邪臣有得志，有功者日退，此谓失。守十者乱，守壹者治。汉已定矣，而好用六虱者亡。民毕农，则国富。六虱不用，则兵民毕竞劝而乐为主用[④]，其竟内之民争以为荣，莫以为辱。其次，为赏劝罚沮[⑤]。其下，民恶之，忧之，羞之；修容而以言，耻食以上交[⑥]，以避农战，外交以备，国之危也。有饥寒死亡，不为利禄之故战，此亡国之俗也。

【注释】

①毒：危害，指有害的事。

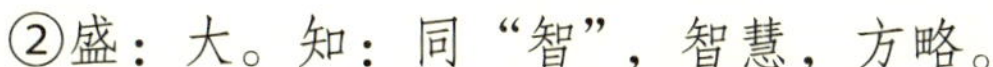
②盛：大。知：同“智”，智慧，方略。

③务：同“瞀”，目眩，迷糊。

④竞劝：争相鼓励。劝，鼓励。

⑤沮：阻止。

⑥上交：为了得到重用，与君主交往。

【译文】

国家贫穷却致力于作战，那么对国家有害的事就会在敌国产生，没有六种像虱子一样有害的东西，国家一定会强大。国家富足强大而不对外征战，苟且偷生的事就会在国内发生，国家有了六种虱害，国家就一定会被削弱。国家根据战功授予官职，给予爵位，这就是智慧方略的谋划，以赏赐激励勇敢作战。用智慧来谋划，以勇猛来作战，这样的国家一定无敌于天下。国家根据功劳授予爵位，政务就会简明，空谈就会减少，这就叫用政务除去政务，用空谈去掉空谈。

国家按照六种虱害授予官职、赐予爵位，政务就会繁重，空谈就会增多，这就叫用政务招来政务，用空谈招致空谈。那么君主就会被空谈之士迷惑，官员被政治上的邪恶风气搞乱，奸邪的大臣便得志了，有功于国的人会一天一天被排挤出去，这就是治理国家中所犯的过失。墨守儒家宣传的思想国家就会混乱，坚守让民众专一从事农战的国家就会得以治理而安定。法度已经确定，而喜欢任用像六种虱子一样对国家有危害的人，国家就会灭亡。民众都从事务农，国家就会富裕。不任用像六种虱子之害的人，那么士兵、民众都会争相鼓励而愿被君主使用，国内的民众都会争着以从事农战为荣，不会以之为耻，这是最好的情况。次一点的情况是，民众因为奖赏而鼓励，因为刑罚而阻止违法。再次一点的情况是，民众讨厌为君主去从事农战，他们为此担心，以从事农战为耻辱，他们注重修饰自己的外表并四处游说，认为为了拿君主的俸禄与君主交往就耻辱，以此躲避农战、逃避于君主交往；同外国势力交往，为自己准备退路，如果这样，国家就危险了。有人宁肯忍饥受冻甚至死亡，也不愿意为了利禄去作战，这是亡国的风气呀。

【原典】

六虱：曰礼、乐；曰《诗》、《书》；曰修善[①]，曰孝弟；曰诚信，曰贞廉[②]；曰仁、义；曰非兵[③]，曰羞战[④]。国有十二者，上无使农战，必贫至削。十二者成群，此谓君之治不胜其臣[⑤]，官之治不胜其民，此谓六虱胜其政也。十二者成朴[⑥]，必削。是故兴国不用十二者，故其国多力，而天下莫能犯也。兵出，必取；取，必能有之；按兵而不攻，必富。朝廷之吏，少者不毁也[⑦]，多者不损也[⑧]。效功而取官爵，虽有辩言，不能以相先也，此谓以数治[⑨]。以力攻者，出一取十；以言攻者，出十亡百。国好力，此谓以难攻；国好言，此谓以易攻。

【注释】

①修：崇尚之意。

②贞廉：正直清廉。

③非兵：反对战争。

④羞战：耻于战争。

⑤胜：驾驭，压制。

⑥朴：根基。

⑦毁：毁誉，诽谤。

⑧损：损害，损伤。

⑨数治：以功劳的大小或多少而论。

【译文】

六种虱害：是礼制，音乐；是《诗经》《尚书》；是修养、仁慈，是孝顺长辈，尊重兄长；是诚实有信用，是正直廉洁；是仁爱、道义；是反对战争，是以参加作战为耻。国家有这十二种祸害，君主就无法让民众从事农耕和作战，国家一定会贫穷直到衰弱。如果这十二种祸害成群结队，这就叫君主的统治不能压制他的大臣，官府对民众的管制不能平服他的民众，这就叫作六种虱子似的危害压过了法令。这十二种祸害如果有根基，国家一定会衰弱。因此，兴盛的国家不用这十二种有祸害的思想统治国家，所以国家的实力强大，天下其他国家不敢入侵它。军队如果出战，一定能夺取土地；夺取了土地，就一定能占有；如果按兵不动，也一定能富足。朝廷的官吏，处于被轻视时也不会去毁谤别人，受到重视时也不会损伤别人。只要建立功勋就能获得官职和爵位，即便有诡辩的口才，也不能排在别人的前面，这就叫治理有法

度。凭实力去征战别的国家，出一分力会获得十倍的收获；凭空谈去攻击别的国家，出十分力会付出百倍的代价。国家崇尚实力，这就叫用别人难以得到的东西进攻别的国家；国家崇尚空谈，这就叫用容易得到的东西去攻击别的国家。

【原典】

重刑少赏，上爱民，民死赏。多赏轻刑，上不爱民，民不死赏。利出一空者[①]，其国无敌；利出二空者，国半利；利出十空者，其国不守。重刑，明大制[②]；不明者，六虱也。六虱成群，则民不用。是故兴国罚行则民亲，赏行则民利。行罚，重其轻者，轻其重者，轻者不至，重者不来。此谓以刑去刑，刑去事成。罪重刑轻，刑至事生，此谓以刑致刑，其国必削。圣君知物之要，故其治民有至要，故执赏罚以壹辅[③]。仁者，心之续也[④]。圣君之治人也，必得其心，故能用力。力生强，强生威，威生德，德生于力。圣君独有之，故能述仁义于天下[⑤]。

【注释】

①空：同“孔”，通道，途径。

②明：严明。

③壹辅：统一的做法进行辅助。

④续：连接。

⑤述：施行，实行。

【译文】

加重刑罚而减少赏赐，这是君主爱护民众，民众就会为得到奖赏而拼死效力。增加奖赏而减轻刑罚，这是君主不爱护民众，民众就不会为奖赏而拼死效命。功名利禄来自一个途径，国家就会无敌于天下；功名利禄出自两个途径，国家就只能得到一半的好处；功名利禄出自多个途径，那么国家的安全就难以守护了。刑罚重，能严明重要的法制；法制不严明，是因为有六种像虱子一样的祸害。有六种虱子似的危害之人成群结队，那么民众就不会愿意被君主役使。因此，兴盛的国家实行刑罚，民众反而会与君主亲近；实行奖赏，民众就能被君主所利用。实行刑罚，用重刑惩罚轻罪，对轻罪施以重刑，轻罪不会产生，重罪不会出现。这就叫作用刑罚遏制犯罪，即使不用刑罚国家的事业也能成功。对犯有重罪的人使用轻刑，刑罚虽然使用了，犯罪现象还是会出现，这就叫用刑罚招致犯罪，那么国家的实力就会被削弱。

圣明的君主明白事物的要点，因此治理民众能掌握最关键的实质。所以能用奖赏和刑罚来辅助引导民众专心从事农战。仁，是与民心的连接。圣明的君主在统治民众时，一定要得人心，这样才能真正能调动他们的力量。实力能产生强大，强大能产生威力，威力能产生恩德，恩德又产生于实力。只有圣明的君主才明白这个道理，所以治理天下能施行仁义。

十四、修权

【本篇简介】

修权，即修整权力。本篇着重谈论权力的使用，阐明了治理好国家的三个因素，那就是法度、信用、权力。商鞅认为权力为君主独自所操控和掌握，那么，该如何驾驭运用权力呢？即要君臣共守法度，并划出公私的界限，做到公私分明，防止以公济私。同时，要论功行赏，任贤与能，反对以权谋私。

【原典】

国之所以治者三：一曰法，二曰信，三曰权。法者，君臣之所共操也[①]；信者，君臣之所共立也[②]；权者，君之所独制也[③]，人主失守则危。君臣释法任私必乱[④]。故立法明分[⑤]，而不以私害法，则治。权制独断于君则威。民信其赏，则事功成；信其刑，则奸无端。惟明主爱权重信，而不以私害法。故上多惠言而不克其赏[⑥]，则下不用；数加严令而不致其刑[⑦]，则民傲死[⑧]。凡赏者，文也；刑者，武也。文武者，法之约也[⑨]。故明主任法。明主不蔽之谓明，不欺之谓察。故赏厚而信，刑重而必；不失疏远，不违亲近[10]，故臣不蔽主，而下不欺上。

【注释】

①操：执掌，持守。

②立：建立，树立。

③独制：独自控制。

④释：抛弃。

⑤分：职分。

⑥惠言：好听的话。克：能。

⑦致其刑：执行刑罚。

⑧傲死：轻视死刑。

⑨约：枢纽，核心。

⑩违：回避。

【译文】

国家的安定，来自于三个因素：一是法度，二是信用，三是权力。法度是君臣共同操守的；信用是君臣共同建立的；权力是君主独自掌控的。君主失去权力的掌控国家就会危险了。君臣不顾法度只顾私利，国家必然混乱。所以设立法度明确公私分明的界线，不因为私利而损害法度，国家就会安定。君主独掌权力控制民众就树立了威信。民众相信君主的赏赐，就能成就事业；相信法律的惩罚，奸邪现象就会遏制。只有贤明的君主才会珍惜权力，重视信用，不因私利而损害法度。所以君主说出很多施予恩惠的空话而不能嘉奖臣子，臣下就不会愿意效力；屡次颁布严厉的法令却不执行，民众就会轻视刑罚。所有的赏赐都是文治；所有的刑罚，都是武治。文治与武治，是法律制约的手段。所以贤明的君主是重视法制的。贤明的君主不被蒙蔽叫贤明，不被欺骗叫明察。所以重赏之下建立信任，而重罚是建立威严的必然。（重赏）不遗漏关系疏远的人，（重罚）不回避关系亲近的人。这样臣子就不会蒙蔽君主，百姓就不会欺骗君主。

【原典】

世之为治者，多释法而任私议，此国之所以乱也。先王县权衡[①]，立尺寸，而至今法之，其分明也。夫释权衡而断轻重，废尺寸而意长短[②]，虽察，商贾不用，为其不必也。故法者，国之权衡也。夫倍法度而任私议[③]，皆不知类者也。不以法论知、能、贤、不肖者，惟尧；而世不尽为尧。是故先王知自议誉私之不可任也，故立法明分，中程者赏之[④]，毁公者诛之。赏诛之法，不失其议，故民不争。不以爵禄便近亲，则劳臣不怨；不以刑罚隐疏远，则下亲上。故授官予爵不以其劳，则忠臣不进；行赏赋禄不称其功[⑤]，则战士不用。

凡人臣之事君也，多以主所好事君。君好法，则臣以法事君；君好言，则臣以言事君。君好法，则端直之士在前；君好言，则毁誉之臣在侧[⑥]。

【注释】

①县：同“悬”，系上。

②意：估计，估量。

③倍：同“背”，违背。

④程：规章。

⑤赋：赋予。

⑥毁：诋毁。

【译文】

世上的统治者，大多数抛开法度而相信个人的意见，这是国家混乱的原因。先王悬起秤砣和秤杆，确立尺寸，作为标准沿用至今，是因为制定的标准明确。如果抛开权衡而判断轻重，废除尺寸而估计长短，即使估计的很准，商贩也不会用这种方法，因为这样的结果是不准确的。所以法制也是治国的权衡。违背法制而相信个人意见，是不了解法制。不用法度就能知道某人是有能力的、某人是贤明的、某人是办事无能的，就只有尧了；但世上不是人人都是尧。所以先王知道不可任由私议和称誉个人来治理国家，必须设立法律，明确标准，符合规定的就奖励，危害国家的就要予以惩罚。赏罚的法度不失标准，民众就不会有争议。如果不按功劳来授予官爵，忠臣就不会尽力办事；不按军功行赏赋禄，战士就不会效力征战。

凡大臣为君主服务，多数投君主所好。君主喜欢法度，大臣就以法律辅助君主；君主喜欢听好话，大臣就以漂亮的空话服务

君主。君主喜欢法度，身边就会聚集一群正直之士，君主喜欢听好话，身边会有许多喜欢进谗言的奸臣。

【原典】

公私之分明，则小人不疾贤，而不肖者不妒功。故尧、舜之位天下也[1]，非私天下之利也，为天下位天下也；论贤举能而传焉，非疏父子亲越人也[2]，明于治乱之道也。故三王以义亲，五霸以法正诸侯，皆非私天下之利也，为天下治天下。是故擅其名而有其功[3]，天下乐其政，而莫之能伤也。今乱世之君、臣，区区然皆擅一国之利而管一官之重[4]，以便其私，此国之所以危也。故公私之交，存亡之本也。

夫废法度而好私议，

则奸臣鬻权以约禄[5]，秩官之吏隐下而渔民。谚曰："蠹众而木析[6]，隙大而墙坏。"故大臣争于私而不顾其民，则下离上。下离上者，国之"隙"也。秩官之吏隐下以渔百姓[7]，此民之"蠹"也。故有"隙"、"蠹"而不亡者，天下鲜矣。是故明王任法去私，而国无"隙"、"蠹"矣。

【注释】

①位：同"莅"，此为担任、成为之意。

②越人：外人。

③擅：独占。

④区区然：洋洋自得的样子。管：控制。

⑤鬻（yù）：卖。约：索取。

⑥蠹（dù）：蛀虫。

⑦秩：秩序。此指正常设置之意。渔：鱼肉，剥削。

【译文】

公私职责分明，平庸的人就不会嫉恨有才干的人，无能的人就不会忌妒立功的人。所以尧、舜治理天下，不是从天下获取私利，是为天下百姓治理天下。选贤任能而传位给他，不是疏远父子之情而亲近别人，而是明白治乱兴衰的道理。所以三王靠仁义得天下，五霸靠法律驾驭诸侯，都不是从天下掠取私利，而是为天下百姓治理天下。所以有功名的君主，天下的人都拥护其统治，没有谁能动摇他的地位。现在乱世的君臣，都渺小得只贪享一国

的利益和掌控官吏的权力，以满足其私欲，也是国家陷于危机的原因。所以公私分明是国家存亡的根本。

废除法度而喜欢私下议论，那么奸臣就会买官职来求得俸禄，一般官吏就会隐瞒民情而鱼肉百姓，这就是有害的蛀虫。谚语说："蛀虫多了，树木会折断，缝隙大了，墙壁会倒塌。"如果大臣争相谋取私利而不顾及民众，那民众就会背离君主。民众背离君主，这是国家的"缝隙"。常设的官吏隐瞒实情，侵害民众的利益，这就是民众的"蛀虫"。而国家有了"缝隙""蛀虫"而不灭亡的，天下少有。所以贤明的君主执行法律去除私利，国家就不会有"缝隙""蛀虫"了。

十五、徕民

【本篇简介】

徕民，即招徕人民。本篇指出秦国的土地面积和人口数目比例严重失衡，土地多，人口少，而为了国家发展，必须增加人口数量，以利于农耕备战。解决的办法就是招徕邻国人民。对此，文中根据秦与韩、魏的国情对比，提出一种优待移民，进而削弱敌国，并增强自身实力的战略。这也是秦国后来能走上富强道路和统一天下的关键举措。

【原典】

地方百里者，山陵处什一①，薮泽处什一②，薮谷流水处什一，都邑蹊道处什一③，恶田处什二，良田处什四，以此食作夫五万④，其山陵、薮泽、谿谷可以给其材，都邑蹊道足以处其民，先王制土分民之律也。

今秦之地，方千里者五，而谷土不能处二，田数不满百万，其薮泽、谿谷、名山、大川之材物货宝，又不尽为用，此人不称土地[⑤]。秦之所与邻者，三晋也；所欲用兵者，韩、魏也。彼土狭而民众，其宅参居而并处。其寡萌贾息民[⑥]，上无通名[⑦]，下无田宅，而恃奸务末作以处。人之复阴阳泽水者过半。

【注释】

①陵：岭。

②薮泽：说文：“薮。大泽也。”薮与泽都是湖的别名。

③蹊（xī）：小路。亦泛指道路。

④作夫：劳作之人。

⑤不称：不相称，不相配。

⑥寡：弱小。萌：同“氓”，黎民百姓。贾息：从事交易而获利。

⑦通名：爵位。

【译文】

方圆百里之地，假如高山、丘陵占国土的十分之一，湖泊、沼泽占国土的十分之一，山谷河流占国土的十分之一，城镇、道路占国土的十分之一，薄田占国土的十分之二，良田占国土的十分之四，用这些土地可以养活约五万个从事耕种的农夫，其中的高山、丘陵、湖泊、沼泽、山谷河流可以供给各种生活资料，城镇、道路足够它的人民居住，这就是先古帝王制定的土地与人口的规划准则。

现在秦国有五个方圆一千里的地方，可是能种庄稼的田地还

不到十分之二，农田数目不到一百万，国中的湖泊、沼泽、溪流、山谷、大山、大河中的物产、财宝又不能全部被利用，这是人口与土地不相称。与秦相邻的国家是三家分晋后的韩、赵、魏三国；秦国想要攻打其中的韩、魏两国。这两个国家土地狭小，而人口众多，他们的房屋杂乱地交错在一起；其中弱小的人民通过经商来获利，他们向上没有爵位，在下面又没有土地和住宅，只能靠欺诈、从事手工业来维持生活。在山北山南和湖泽的低洼处挖洞居住的人数超过半数。

【原典】

此其土之不足以生其民也，似有过秦民之不足以实其土也。意民之情[①]，其所欲者田宅也。而晋之无有也信，秦

之有余也必。如此而民不西者，秦士戚而民苦也[②]。臣窃以王吏之明为过见。此其所以弱不夺三晋民者[③]，爱爵而重复也。其说曰："三晋之所以弱者，其民务乐而复爵轻也。秦之所以强者，其民务苦而复爵重也。今多爵而久复，是释秦之所以强[④]，而为三晋之所以弱也。"此王吏重爵、爱复之说也，而臣窃以为不然。夫所以为苦民而强兵者，将以攻敌而成所欲也。兵法曰："敌弱而兵强。"此言不失吾所以攻，而敌失其所守也。今三晋不胜秦，四世矣。自魏襄以来，野战不胜，守城必拔[⑤]，小大之战，三晋之所亡于秦者，不可胜数也。若此而不服，秦能取其地，而不能夺其民也。

【注释】

①意：揣摩，猜测。

②戚：忧愁。

③夺：争取。

④释：放弃。

⑤拔：攻取。

【译文】

这些国家的土地不够维持人民的生存，似乎还超过了秦国人民不能完全使用国土的程度。揣摩人民的心理，他们想要的东西不过是田地和房屋罢了。但是三晋也确实没有，而秦国的田地有余也是一定的。就算如此，韩、赵、魏三国的人民也不向西进入秦国，原因是秦国的士大夫们忧愁而且人民劳苦。我个人觉得，认为大王的官吏聪明是一种错误的认识。他们之所以不去争取三晋的人民，是吝惜爵位和舍不得免租免役。他们说："三晋弱小的原因，是由于三晋人民追求快乐，把免租免役、给予爵位看得很轻。而秦国强大的原因，在于秦国人民甘愿劳苦，把免租免役、给予爵位看得很重。如果我们也多给人民爵位，延长免租免役的时间，就是放弃秦国强大的原则，使用三晋弱小的原则了。"这就是国家的官吏重视爵位、吝惜免租免役的说法，我个人认为这种说法不对。之所以要令人民吃苦来加强兵力，是为了攻打敌人，实现自己的愿望。兵法说："敌国兵力弱了，我们兵力就强了。"这表明我们没有失掉进攻的条件，敌人就失去防御的条件了。现在三晋战胜不了秦国，已经四代了。自魏襄王以来，他们野外作战打不过秦国，守城也必定被秦国攻克，大小战争，三晋被秦国打败的次数，多不可数。尽管如此，他们还不屈服，是因为秦国仅仅是取得了他们的土地，并没能夺去他们的人民。

【原典】

今王发明惠[①]，诸侯之士来归义者，今使复之三世，无知军事。秦四境之内陵阪丘隰[②]，不起十年征，者于律也，足以造作夫百万[③]。曩者臣言曰[④]："意民之情，其所欲者田宅也，晋之无有也信，秦之有余也必。若此而民不西者，秦士戚而民苦也。"今利其田宅，而复之三世，此必与其所欲而不使行其所恶也，然则山东之民无不西者矣，且直言之谓也[⑤]。不然，夫实圹什虚[⑥]，也天宝，而百万事本[7]，其所益多也，其徒不失岂所以攻乎？

夫秦之所患者，兴兵而伐，则国家贫；安居而农，则敌得休息。此王所不能两成也，故三世战胜，而天下不服。今以故秦事敌，而使新民作本，兵虽百宿于外，竟内不失须臾之时[8]，此富强两成之效也。臣之所谓兵者，非谓悉兴尽起也，论境内所能给军卒车骑。令故秦兵，新民给刍食[9]。

【注释】

①明惠：公开施恩。

②阪：山坡。隰（xí）：低湿洼地。

③造：招徕。

④曩（nǎng）：方才。

⑤直言：直接提出招徕人民的话题。

⑥圹（kuàng）：旷野。

⑦事本：从事根本事业，指发展农业。

⑧须臾：片刻，一会儿。

⑨刍食：粮草。

【译文】

现在大王发布恩惠的政策，对各诸侯国凡来归附的人，立刻免除他们三代的赋役，不用参加作战。秦国四界之内的岭坡、土山、湿地，十年内不征收赋税，将这些都写在法律中，足以招来上百万务农之人。先前我说过："揣摩民众的心理，他们所想要的

东西是田地和房屋，可是三晋确实没有，秦国的田地等有多余也是一定的。像这种情况韩、赵、魏三国的民众也不向西进入秦国，原因是秦国的士大夫们忧愁而民众辛苦。”现在赐给他们田地和房屋，又免除他们三代的赋役，这就是给他们想要的利益，又不让他们做不愿意做的事。这样，崤山以东的人民没有不向西来而奔赴秦国的。关于这方面我也不妨直爽地言明。因为从各国来的民众充实了空旷的土地，开发了那里的天然资源，百万人从事农业生产，他们所创造的好处很多，难道仅仅是不丧失进攻的力量吗？

秦国担心的，是发兵讨伐敌国，国家就会贫穷；安居专注务农，敌人就得到休息。这就是大王对这两方面都难以顾及办好的事。所以虽然过去秦国的三代国君都打了胜仗，可天下诸侯国却不服气。现在用秦国原有的人民对付敌军，而让新招来的人民从事农业耕种，即使军队在外国驻扎上

百天，国内也不会耽误半点农时，这就是富国强兵两全其美的功效。我所说的用兵，不是要全部都出动，而是要弄清楚国内所能供给军队的马匹和战车数目。让秦国原有的人民作战，让新来的人民供给粮食。

【原典】

天下有不服之国，则王以此春围其农[①]，夏食其食，秋取其刈[②]，冬陈其宝，以大武摇其本[③]，以广文安其嗣[④]。王行此，十年之内，诸侯将无异民，而王何为爱爵而重复乎[⑤]？

周军之胜[⑥]，华军之胜[⑦]，秦斩首而东之。东之无益亦明矣，而吏犹以为大功，为其损敌也。今以草茅之地徕三晋之民而使之事本，此其损敌也与战胜同实。而秦得之以为粟，此反行两登之计也。且周军之胜、华军之胜、长平之胜[⑧]，秦所亡民者几何？民客之兵不得事本者几何[⑨]？臣窃以为不可数矣。假使王之群臣，有能用之、费此之半、弱晋强秦、若三战之胜者，王必加大赏焉。今臣之所言，民无一日之繇[⑩]，官无数钱之费，其弱晋强秦，有过三战之胜，而王犹以为不可，则臣愚不能知已。

【注释】

①围其农：错过耕种的农时。

②刈（yì）：收割，指收成。

③本：指农业生产。

④嗣：后代子孙。

⑤爱：吝啬。

⑥周军之胜：即伊阙之战，是周赧王二十二年（前293年），秦国由大将白起率秦军在伊阙各个歼灭韩国、魏国、东周联军的作战。

⑦华军之胜：指周赧王四十二年秦败魏军于华下之战。

⑧长平之胜：指周赧王五十五年秦破赵于长平，坑杀赵兵四十余万。

⑨民客之兵：秦民与客民的从军者。

⑩繇：同“徭”。

【译文】

天下诸侯国如有不服从的，那大王就动用这些军队在春天包围他们的农田，夏天去吃他们贮藏的粮食，秋天夺取他们收割的粮食，冬天挖出他们储藏的粮食，用强大的武力动摇他们的国本，以宽怀的文治安抚被征服的子民。大王如照此行事，十年以内，诸侯国中会没有与秦国不一条心的人，大王为什么还要吝啬爵位，舍不得免除赋役呢？

伊阙和华阳之战的胜利，秦国军队斩敌很多后又向东进攻。向东边进攻没有什么好处是很明显的，而很多官员还以为立了大功，认为这样能损害敌国。现在我们用没有开垦过的荒地，招来韩、赵、魏三国的人民，让他们从事农业生产，这样对敌人的破坏同战胜敌人带来的破坏有同样的效果。而秦国又获得他们的人民从事农耕，这可以说是军事和生产两个方面都能兼得的好处。况且在伊阙之战、华阳之战、长平之战中，秦国死亡了多少人呢？

秦国原有的民众和招来的民众因战争不能从事农业生产的又有多少呢？我个人认为不可计算了。假如大王的臣子们当中，有人能运用这些兵力，将这些兵力的一半，用来削弱韩、赵、魏三国的实力，使秦国强大，取得如同那三次战役一样大的胜利，大王一定会增加赏赐。现在我所说的方法，是让民众不服一天的徭役，官府不浪费多少钱，可是它却能在削弱三晋的实力，壮大秦国力量方面，远胜过那三次战役，大王却仍然觉得不可行，我就真的愚昧到了不明白的程度了。

【原典】

齐人有东郭敞者，犹多愿，愿有万金。其徒请赒焉[①]，不与，曰："吾将以求封也

[2]。"其徒怒而去之宋[3]。曰："此爱于无也[4]，故不如以先与之有也。"今晋有民，而秦爱其复[5]，此爱非其有以失其有也，岂异东郭敞之爱非其有以亡其徒乎？且古有尧、舜，当时而见称；中世有汤、武，在位而民服。此四王者万世之所称也，以为圣王也，然其道犹不能取用于后[6]。今复之三世，而三晋之民可尽也。是非王贤立今时，而使后世为王用乎？然则非圣别说[7]，而听圣人难也。

【注释】

①赒（zhōu）：接济，救济。

②封：封赏。

③去：离开。之：前往。

④无：指未曾获得的东西。

⑤爱：吝啬。复：免除赋税。

⑥道：规矩，办法。

⑦非圣：诋毁圣人的言论。别说：邪说。

【译文】

齐国有个叫东郭敞的人，想法很多，贪欲很大，希望自己能拥有万金财富。他的徒弟请他救济一下，他不给，说："我将用钱财争取求得一个爵位。"徒弟很愤怒，离开他去宋国了。有人说："这个人与其爱惜还未能获得的东西，不如将钱先送给他现有的徒弟。"现在韩、赵、魏三国有人民，而秦国还吝惜免除他们的

徭役和赋税，这与吝啬赏赐别人没有的东西，因而失去自己的徒弟有分别吗？上古的时候有尧、舜，当时十分被人称颂；中古的时候有商汤、周武王，在君主位置上时让人信服。这四位帝王，世世代代受到人们的称赞，被视为圣王，但他们的管制方法却并不被后世的统治者采用。现在如免除三代的徭役和赋税，韩、赵、魏三国人民就能全被招来。这不是以大王今天的贤明，而让招来三晋的民众为您效力吗？那么看来不是圣人的说法有多么特别，而是听从圣人的教诲很难啊！

十六、赏刑

【本篇简介】

赏刑，即赏赐和刑罚。本篇阐明治国的总方略就是统一赏赐、统一刑罚、统一教化。

统一赏赐，就是要将赏赐与战功切实挂钩；统一刑罚，是指施行的对象、施行的方式和施行的原则上要统一，不论是谁，犯了罪就要受刑惩罚。刑罚的目的，是“以刑去刑”。统一教化的核心在于教育人民，使人民的内心塑造和根植富贵皆出于兵的社会心态。当这种心态形成人民的一种习惯，教化的目的也就达成了，如此，最后连教化也就可不用了。

【原典】

圣人之为国也①，壹赏，壹刑，壹教。壹赏则兵无敌，壹刑则令行，壹教则下听上。夫明赏不费，明刑不戮，明教不变，而民知于民务，国无异俗。明赏之犹至于无赏也②，明刑之犹至于无刑也，明教之犹至于无教也。

所谓壹赏者，利禄官爵抟出于兵，无有异施也。夫固知愚、贵贱、勇怯、贤不肖，皆尽其胸臆之知[3]，竭其股肱之力，出死而为上用也。天下豪杰贤良从之如流水，是故兵无敌而令行于天下。万乘之国不敢苏其兵中原[4]，千乘之国不敢捍城[5]。万乘之国，若有苏其兵中原者，战将覆其军；千乘之国，若有捍城者，攻将凌其城[6]。战必覆人之军，攻必凌人之城，尽城而有之，尽宾而致之。虽厚庆赏，何费匮之有矣[7]？昔汤封于赞茅[8]，文王封于岐周[9]，方百里。

【注释】

①为：治理。

②犹：极点，顶点。至于：等于。

③胸臆：胸怀，内心。

④苏：朝向，向着。

⑤捍：抵抗，守卫。

⑥凌：攻破，占领。

⑦匮：匮乏，不足。

⑧赞茅：地名，在今河南修武县北。

⑨封：建国。岐周：地名，在今陕西岐山。

【译文】

圣人治理国家的原则，统一奖赏，统一刑罚，统一教化。实施统一奖赏，军队就会无敌于天下；实行统一的刑罚，君主的命

令就能实行；实行了统一教化，民众就会听从君主的役使。高明的赏赐并不浪费财物，严明的刑罚不滥杀于人，修明教育不改变风俗，而民众却知道自己该做什么，国家也没有特殊的风俗。高明的赏赐到了极致，就能达到不用赏赐的境界；严明的刑法到了极致，就可以达到不用刑罚的境界；修明教育达到极致，就可以达到不用教化的境界。

所说的统一赏赐，就是指俸禄、官职、爵位都统一根据在战争中的功绩而论，没有其他不同途径的恩惠。因此聪慧、愚昧、富贵、低贱、勇敢、胆怯、贤德、不贤德的人，都尽自己心中的智慧、尽自己的全部力量，出生入死地为君主卖命。天下的英雄豪杰、贤明与善良

之士像流水一样追随君主，这样军队就能天下无敌而政令施行于天下。拥有万辆兵车的国家没有谁敢在野外同他的军队对抗，拥有千辆兵车的国家不敢守卫城镇。拥有万辆兵车的国家如果有在野外敢于同他军队作战的，开战时就会让他全军覆没；拥有千辆兵车的小国如果防守城池，只要他一进攻就会攻下城池。迎战一定消灭别人的军队，进攻一定能占领别人的城池，所有的城池都能占领，天下所有的诸侯都会臣服朝贡。如此，即使给出了丰厚的赏赐，又何必担心财务会有不足呢？从前商汤在赞茅建立国家，周文王在岐山下的周原建立国家，方圆只有百里之地。

【原典】

汤与桀战于鸣条之野[①]，武王与纣战于牧野之中[②]，大破九军，卒裂土封诸侯[③]。士卒坐陈者[④]，里有书社。车休息不乘，纵马华山之阳，纵牛于农泽[⑤]，纵之老而不收。此汤、武之赏也。故曰：赞茅、岐周之粟，以赏天下之人，不人得一升；以其钱赏天下之人，不人得一钱。故曰：百里之君而封侯，其臣大其旧；自士卒坐陈者，里有书社。赏之所加，宽于牛马者，何也？善因天下之货[⑥]，以赏天下之人。故曰：明赏不费。汤、武既破桀、纣，海内无害，天下大定，筑五库[⑦]，藏五兵[⑧]，偃武事[⑨]，行文教[⑩]。倒载干戈，搢笏作为乐[⑪]，以申其德。当此时也，赏禄不行，而民整齐[⑫]。故曰：明赏之犹至于无赏也。

【注释】

①鸣条：地名，在今山西省安邑县北部。

②牧野：地名，在今河南省汲县与淇县之间。

③卒：终于。裂土：划分土地。

④坐陈：临阵。

⑤农泽：田野水边。

⑥因：利用。货：钱财。

⑦五库：指车库、兵器库、祭器库、乐库和宴器库。

⑧五兵：泛指各种兵器。

⑨偃武事：停止战争。

⑩行文教：实行教化。

⑪搢笏（jìnhù）：插笏，后引申为朝见。搢，插。笏，手板。

⑫整齐：行动一致，守法不乱。

【译文】

商汤与夏桀在鸣条的野外开战，周武王与商纣王在牧野地区交战，他们都大败夏桀和商纣王的强大军队，最后商汤和周武王都划分土地，分封诸侯。凡是参加作战的士兵，回到家乡后，都按社里登记入册的人口拥有土地。战车放在那里不再乘坐，将马放到华山的南坡，将牛养到农泽一带的地里，一直到老死也不收回来。这就是商汤和周武王的赏赐啊。因此说：赞茅、岐周的粮食，如果用来赏赐天下的人，每个人还得不到一升；如果用赞茅、岐周的钱赏赐天下的人，每个人还得不到一文钱。所以说：本来只拥有方圆百里土地的君主，却能分封自己的大臣为诸侯，这些大臣被分封的土地也比他们原来的国土大；参加征战的士兵，回到家乡后都拥有按书册登记人口分得的土地；他们被赏赐的东西，甚至广泛到了牛和马，为什么这样呢？是因为他们善于借助天下的财物，赏赐天下的民众。所以说：高明的奖赏并不是浪费财物。商汤、周武王打败夏桀、商纣王后，国内没有什么祸害，天下十分安定。他们修建了五种仓库，将各种兵器收藏起来，停止征战之事，实行文化品德教育。将兵器倒着放好，不再征伐打仗，大臣们朝见朝廷，创作音乐来彰明功德。在这个时候，赏赐和利禄都不施行，但是百姓却很有规矩。所以说：高明的赏赐到了一定程度时，就能达到不用赏赐的境界了。

【原典】

所谓壹刑者，刑无等级，自卿相、将军以至大夫、庶人[①]，有不从王令、犯国禁、乱上制者，罪死不赦。有功于前，有败于后，不为损刑[②]。有善于前，有过于后，不为亏法[③]。忠臣孝子有过。必以其数断。守法守职之吏有不行王法者，罪死不赦，刑及三族[④]。周官之人，知而讦之上者，自免于罪，无贵贱，尸袭其官长之官爵田禄。故曰：重刑，连其罪，则民不敢试。民不敢试[⑤]，故无刑也。夫先王之禁，刺杀，断人之足，黥人之面，非求伤民也，以禁奸止过也。故禁奸止过，莫若重刑。刑重而必得，则民不敢试，故国无刑民。国无刑民，故曰：明刑不戮。晋文公将欲明刑以亲百姓，于是合诸卿大夫于侍千宫[⑥]，颠颉后至[⑦]，吏请其罪，君曰："用事焉。"吏遂断颠颉之脊以殉。晋国之士，稽焉皆惧[⑧]，曰："颠颉之有宠也，断以殉，况于我乎！"举兵伐曹、五鹿，及反郑之埤[⑨]，东徵之亩，胜荆人于城濮[⑩]。三军之士，止之如斩足，行之如流水。三军之士，无敢犯禁者。故一假道重轻于颠颉之脊，而晋国治。

昔者周公旦杀管叔、流霍叔，曰："犯禁者也。"天下众皆曰："亲昆弟有过[⑪]，不违，而况疏远乎！"故天下知用刀锯于周庭[⑫]，而海内治，故曰：明刑之犹至于无刑也。

【注释】

①大夫：官名，职位较低。庶人：老百姓。

②损：损害。

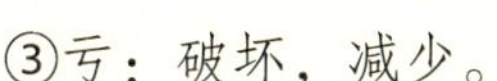

③亏：破坏，减少。

④三族：父族、母族、妻族。

⑤试：触犯，冒犯。

⑥合：召集。

⑦颠颉：晋国的大夫，晋文公的宠臣。

⑧稽：议论。

⑨反郑之埤（pí）：拆掉郑国的矮墙。反，拆掉。

⑩荆人：楚国人。

⑪昆弟：兄弟。

⑫刀锯：指刑法。周庭：周朝的朝庭。

【译文】

所说的统一刑罚，是指使用刑罚没有等级，从卿相、将军到大夫和平民百姓，有不听从君主命令、违反国家法令、破坏国家法律的，处以死罪，不得赦免。从前立过战功，后来有触犯国家刑罚之事的，也不因先前的功劳而减轻刑罚。从前做过善事，后来又犯了过失，也不因先前的善事而减轻处罚。就是那些忠臣、孝子犯了过错，也一定根据他们罪过的大小来定罪。执行法令和担任相关职务的官员，有不执行国家法令的，判处死罪，决不赦免，而且刑罚株连三族。官员的同僚知道他们的罪过而能向君主检举揭发的，不仅能使自己免受刑罚的处分，而且不论地位高低，都能继承那位官吏的官爵、土地和俸禄。所以说：加重刑罚，株连他们的父、母、妻子，人民就不敢以身试法。人民不敢以身试

法，也就等于没有刑罚了。古代君主制定的法令，或将人处死，或砍断犯人的脚，或在犯人脸上刺字，这不是要伤害民众，而是要用来禁止奸邪，阻止犯罪。所以禁止奸邪、阻止犯罪，莫过于使用重刑。刑罚重并坚决执行，人民就不敢以身试法，国家就没有受刑罚处治的人民。因此说，严明的刑罚不是用来残害人民。晋文公想要严明刑罚使百姓亲近服从他，于是招集所有的卿相、大夫一块到侍千宫，可颠颉来晚了，官员要求定他的罪，晋文公说："按规矩用刑吧。"执法官于是腰斩了颠颉示众。晋国的所有人议论起这件事都很惧怕，相互说："颠颉是国君宠爱的大臣，触犯了刑律都要腰斩示众，何况对于我们了。”后来，晋文公发兵进攻曹国及卫国的五鹿，回军时又攻破了郑国的城墙，命令卫国的田垄一律改东西方向，用来方便自己国家的兵车通过。三军将领和士兵，如下令停止前进，他们就像被砍断了脚一样停止前行；命令他们进攻，就像流水一样行动迅速。三军的将士没有谁敢违反禁令。因此，晋文公只借颠颉犯轻罪而处以重刑腰斩的办法，晋国就得到了治理。

从前，周公旦杀了管叔，流放了霍叔，说：“他们是犯了禁令的人。”天下的人都说：“亲兄弟犯了罪过都避免不了制裁，更何况我们这些疏远的人！”从此天下人都知道周公将刑罚用在了朝廷内，国内的秩序得到了治理。所以说：“严明的刑罚用到一定程度，就等于没有刑罚。”

【原典】

所谓壹教者，博闻、辩慧、信廉、礼乐、修行、群党、任誉、清浊[①]，不可以富贵，不可以评刑[②]，不可独立私议以陈其上。坚者被[③]，锐者挫。虽曰圣知、巧佞、厚朴，则不能以非功罔上利[④]。然富贵之门，要存战而已矣。彼能战者践富贵之门。强梗焉[⑤]，有常刑而不赦[⑥]。是父兄、昆弟、知识、婚姻、合同者，皆曰：“务之所加，存战而已矣。”夫故当壮者务于战[⑦]，老弱者务于守，死者不悔，生者务劝，此臣之所谓壹教也。民之欲富贵也，共阖棺而后止[⑧]，而富贵之门必出于兵，是故民闻战而相贺也，起居饮食所歌谣者，战也。此臣之所谓明教之犹至于无教也。

此臣所谓参教也[⑨]。圣人非能通，知万物之要也[⑩]。故其治国，举要以致万物，故寡教而多功。圣人治国也，易知而难行也。是故圣人不必加，凡主不必废；杀人不为暴，赏人不为仁者，国法明也。圣人以功授官予爵，故贤者不忧。圣人不宥过[⑪]，不赦刑，故奸无起。圣人治国也，审壹而已矣[⑫]。

【注释】

①群党：结党营私。任誉：随便吹捧。清浊：好坏。

②评刑：议论刑法。

③被：破。

④罔：欺骗。

⑤强梗：顽固不守法的人。

⑥常刑：一般的刑罚。

⑦当壮：年轻力壮。

⑧阖（hé）棺：战斗到死的意思。阖，关闭。

⑨参教：指赏赐、刑罚、教化三个方面。

⑩要：纲要。

⑪宥：原谅，宽恕。

⑫审：考虑，审察。

【译文】

所说的统一教化，是指那些博闻广见，聪慧善辩、诚实廉洁、精通礼乐、有修行才能、结成朋党、互相吹捧、颠倒黑白的人，不能因为这些而求得富贵，不能因这些而逃避刑罚，不能因为独自创立私人学说并向君主陈述主张。对固执冥顽的人要摧垮他，对锋芒毕露的人要挫败他。即使所谓的圣明智慧、巧于逢迎、忠厚纯朴的人，也不能以避开征战立功而欺骗君主得到好处。这样，求取富贵的途径，只能存在于战场上。只有那些能勇敢作战的人，才能踏进富贵的大门。那些骄横顽固的人，触犯刑法一律不能得到赦免。这样，父亲伯叔、兄弟、相知相识的朋友、婚姻亲家、志同道合的人，都会说："我们务必要加倍努力的地方，就是在战场上。"因此，那些年轻力壮的人都致力于作战，年老体弱的人致力于防守，死在战场的人不后悔，活着的人互相鼓励，这就是我说的统一教化。人民中想要得到富贵的想法，都是到死后盖上棺

材才停止。求取富贵的途径一定都是参军作战而来，所以人民听说要打仗便互相道贺。人民起居饮食时所唱的歌谣，全是打仗的事。这就是我所说的，严明教育到一定程度时，就能达到没有教化的境界。

这些就是我所说的奖赏、刑罚、教化三件事。圣明的人并非能懂得一切，而是能明白万事万物的要领。因此他统治国家，能抓住事情的要领而推及万物，所以教化虽少而功绩颇多。圣人治理国家，明白道理容易，实行起来不易。所以圣人不用称赞，平凡的君主不一定要废掉；杀人不算残暴，赏赐不算仁爱，这是因为国家法律严明公正。圣人凭功绩获得官职爵位，因此贤德的人不用担忧。圣人不宽恕别人的过失，不赦免罪人的刑罚，因此邪恶的事不会发生。可见，圣明的人治理国家，只是考虑统一赏赐、统一刑罚，统一教化而已。

十七、画策

【本篇简介】

画策，即谋划策略。本篇的重点是，以秦国为根据地，厉行法治，富国强兵，通过统一战争，建立地主阶级专政的全中国统一国家。商鞅认为推动历史前进的途径是统一天下的兼并战争，并指出“自恃者，得天下。得天下者，先自得者也；能胜强敌者，先自胜者也。”这一战略方针是有远见的，也符合当时历史发展的趋势。孝公以后的秦国五代君主，基本上都奉行这一方针。

【原典】

昔者昊英之世①，以伐木杀兽，人民少而木兽多，黄帝之世，不麛不卵，官无供备之民②，死不得用椁。事不同，皆王者，时异也。神农之世，男耕而食，妇织而衣；刑政不用而治，甲兵不起而王。神农既没，以强胜弱，以众暴寡，故黄帝作为君臣上下之义、父子兄弟之礼、夫妇妃匹之合，内行刀锯③，外用甲兵。故时变也。由此观之，神农非高于黄帝也，然其名尊者，以适于时也。故以战去战，虽战可也；以杀去杀，虽杀可也；以刑去刑，虽重刑可也。

昔之能制天下者，必先制其民者也；能胜强敌者，必先胜其民者也。故胜民之本在制民，若冶于金、陶于土也。本不坚，则民如飞鸟禽兽，其孰能制之[④]？民本，法也。故善治者塞民以法[⑤]，而名地作矣。

【注释】

①昊英（hàoyīng）：传说为远古帝王。

②供备之民：担任供给设备的仆人。

③刀锯：刑具。

④孰：谁。

⑤塞：禁止之意。

【译文】

过去昊英氏统治的时代，让民众砍伐树木，捕杀野兽，那是因为当时民众少而树木、野兽多。黄帝治理天下时，不让捕杀幼小的野兽，不让吃鸟蛋，官吏没有供自己使唤的奴仆，死了不能用棺材下葬。昊英、黄帝做的事不一样，却都称王于天下，这是因为时代不同了。神农治理天下时，男人耕种而使人们有饭吃，女人织布而让我们有衣服穿；不使用刑法和政令而天下安定，不用军队而称王天下。神农死后，人们开始以强凌弱，靠人多势重欺压人数少的民族。因此黄帝制定了君臣和上下级之间的道德规范，父子、兄弟间的礼仪，夫妻之间的婚配原则。对内使用刑罚，对外使用军队征伐，同样是因为时代变了。由此看来神农并不是比黄帝高明，但是他的名声却很高，这是因为他顺应了时代变化。因此用战争消灭战争，即使进行战争也是可以的；用杀戮消除杀戮，即使行杀戮也是可以的；用刑罚消灭刑罚，即使加重刑罚也是可以的。

过去能控制天下的人，一定是首先制服他的民众的人；能够战胜强敌的人，也一定是先要能驾驭他的民众的人。因此，驾驭民众的根本在于控制民众，就像冶炼工人对金属冶炼的控制，制陶工人对泥土的使用一样，这个根本不坚固，那民众就像飞鸟和野兽，有谁能控制他们呢？治理民众的根木是实行法治。所以善于治理国家的人，是用法律来遏制民众，而名声和土地就都具备了。

【原典】

名尊地广，以至王者，何故？战胜者也。名卑地削，以至于亡者，何故？战罢者也[①]。

不胜而王、不败而亡者，自古及今未尝有也，民勇者，战胜；民不勇者，战败。能壹民于战者，民勇；不能壹民于战者，民不勇，圣王见王之致于兵也，故举国而责之于兵[②]。入其国，观其治，兵用者强。奚以知民之见用者也？民之见战也，如饿狼之见肉，则民用矣。凡战者，民之所恶也。能使民乐战者王。强国之民，父遗其子[③]，史遗其弟，妻遗其夫，皆曰："不得，无返！"又曰："失法离令，若死我死[④]。乡治之。行间无所逃[⑤]，迁徙无所入。"

行间之治，连以五，辨之以章[6]，束之以令。拙无所处，罢无所生。是以三军之众，从令如流，死而不旋踵[7]。

【注释】

①罢（pí）：同“疲”，此指失败。

②责：要求。

③遗（wèi）：送。

④若：你。

⑤行间：行伍之间。

⑥章：标记，标识。

⑦旋踵：畏缩后退之意。踵，脚跟。

【译文】

君主的名声尊贵、土地广阔，最后称王天下，什么缘故呢？是因为战胜了。君主名望低微，土地面积减少，甚至最后灭亡，又是什么原因呢？是因为战败了。

没有打胜仗而称王天下，没有打败仗而灭亡的国家，从古到今是没有过的事。民众作战勇敢，打仗就会获胜，反之则会失败。能让民众专心作战的君主，民众打仗就勇敢；不能使民众专心作战的君主，民众打仗就不勇敢。圣明的君主看见称王天下的功业只能在战功中获得，所以要求全国的民众当兵。走进一个国家，观察这个国家的治理情况，民众能够被充分运用国家就强大。怎样能够知道民众被充分运用呢？那就是民众看待战争，就像饥饿的狼见到肉一样，那么民众就被使用了。但凡战争都是民众所讨厌的。能让民众乐于去打仗，君主就能称王天下。强大国家的民众，父亲送他的儿子去当兵，哥哥送他的弟弟去当兵，妻子送她的丈夫去当兵，他们都说："不获得战争的胜利，就不要回来！"又说："不遵守法律，违抗了命令，你死，我也得死，乡里会治我们的罪，军队中又没有地方可逃，就是跑回家，我们要搬迁也没有地方可去。"军队的管理办法是将五个人编成一伍，实行连坐，用标记来区分他们，用军令来束缚他们。逃走了也没有地方居住，失败了没有办法生存。所以三军将士，服从军令就像流水一样，就是战死也不畏缩后退。"

【原典】

国之乱也，非其法乱也，非法不用也。国皆有法，而无使法必行之法。国皆有禁奸邪、刑盗贼之法，而无使奸邪、盗贼必得之法，为奸邪、盗贼者死刑，而奸邪、盗贼不止者，不必得。必得而尚有奸邪、盗贼者，刑轻也，刑轻者，不得诛也[①]；必得者，刑者众也。故善治者，刑不善而不赏善，故不刑而民善。不刑而民善，刑重也。刑重者，民不敢犯，故无刑也；而民莫敢为非，是一国皆善也，故不赏善而民善。赏善之不可也，犹赏不盗。故善治者，使跖可信[②]，而况伯夷乎？不能治者，使伯夷可疑，而况跖乎？势不能为奸[③]，虽跖可信也；势得为奸，虽伯夷可疑也。

国或重治，或重乱。明主在上，所举必贤，则法可在贤。法可在贤，则法在下[④]，不肖不敢为非，是谓重治。不明主在上，所举必不肖，国无明法，不肖者敢为非，是谓重乱。兵或重强。或重弱，民固欲战，又不得不战，是谓重强。同固不欲战，又得无战，是谓重弱。

【注释】

①诛：惩治。

②跖（zhí）：中国民间传说中，春秋时期的率领盗匪数千人的大盗。

③势：形势。

④法在下：法令能贯彻到下面。

【译文】

国家治理混乱，不是因为它的法度混乱，也不是因为法度被废弃不用。国家都有法律，但却没有让法律一定实行的方法。国家都有禁止奸诈邪恶、惩罚盗贼的法令，但却没有使奸诈邪恶、盗贼一定能得到惩罚的方法。作邪恶之事、偷盗的人要处死刑，可是犯奸、偷盗的现象却不断发生，这是由于做了坏事不一定会受到处罚。就是得到了惩罚却仍有邪恶、偷盗的事发生，这是因为刑法太轻的原因。刑法太轻，不能成功地处治犯罪；一定要惩罚他们，受刑罚处治的人就太多了。所以善于治理国家的人，只处罚不守法的恶行，而不奖赏善行。因此，不用刑罚民众也善良守法，是因为刑罚重。刑罚重，民众就不敢触犯法律，因此也就没有刑罚；民众没有谁敢为非作歹，这时整个国家的民众都守法律。因此，不奖赏为善的人而民众都善良。不能奖赏为善的人，就像不能奖赏盗贼一样。因此，善于治理国家的人，能使像盗跖那样的人变得诚实可信，而何况像伯夷那样的人？不懂治理国家的人，即使是像伯夷一样的高洁之士也是可疑的犯法对象，更何况盗跖那样的人了？假如形势使人不能做坏事，即使是盗跖那样的人也可以值得信赖；假如形势能让人做坏事，即使是伯夷那样的高洁之人也有犯罪的嫌疑。

国家或者是治理得更加安定，或者治理得更加混乱。英明的君主处在国君的地位上，所选用的一定是有贤德才能的人，那么法令便能掌握在贤德的人手中。法令掌握在贤德的人手中，法度就能在下面得到执行，不贤德的人就不敢为非作歹，这就叫治上加治。不英明的君主处在国君的位置上，所选用的一定都是不贤德的人，国家严明的法令就不会得到执行，不贤德的人就敢做坏事，这就叫乱上加乱。军队或者是强上加强，或者是弱上加弱。

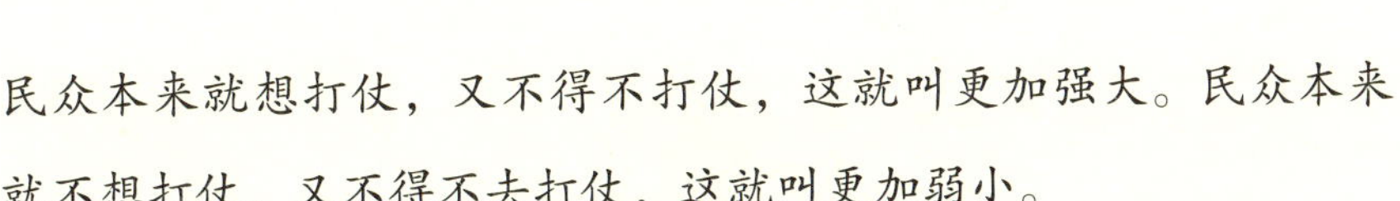

民众本来就想打仗，又不得不打仗，这就叫更加强大。民众本来就不想打仗，又不得不去打仗，这就叫更加弱小。

【原典】

明主不滥富贵其臣[①]。所谓富者，非粟米珠玉也？所谓贵者，非爵位官职也？废法作私爵禄之，富贵。凡人主德行非出人也[②]，知非出人也，勇力非过人也。然民虽有圣知[③]，弗敢我谋；勇力，弗敢我杀；虽众，不敢胜其主；虽民至亿万之数，县重赏而民不敢争，行罚而民不敢怨者，法也。国乱者，民多私义[④]；兵弱者，民多私勇[⑤]。则削国之所以取爵禄者多涂[⑥]；亡国之欲，贱爵轻禄。不作而食，不战而荣，无爵而尊，无禄而富，无官而长，此之谓奸民。

【注释】

①滥：不加节制，滥行赏赐。

②出人：高于别人。

③圣知：明智。

④私义：私人的道义，指儒家提倡的学说。

⑤私勇：个人之间逞强斗勇。

⑥涂：途径。

【译文】

英明的国君不对臣子们滥施富贵。所说的富，不是指的粮食

和珠玉吗？所说的贵，不是指爵位和官职吗？废弃法律变成个人做主行事，赐给臣子爵位和俸禄，这就是滥施富贵。一般说来，君主的品德行为不是高于所有的人，智慧也不是都超出所有的人，勇敢、力量也不是超出所有的人。可是，民众即使有超常的智慧，也不敢图谋君主的地位；有勇敢和力量，也不敢弑杀君主；即使民众人数多，也不敢凌驾于君主之上；即使民众的人数达到亿万人的数目，悬重赏，民众也不敢争抢，实行刑罚，民众也不敢怨恨，这是因为拥有法制。国家混乱，是由于民众多考虑个人之间的情义；军队的力量弱，是因为民众多追求个人间的斗

勇。那么在实力削弱的国家，获取爵位、俸禄的途径就有许多；使国家灭亡的风气，是因为民众看不起爵位，轻视俸禄。不劳动就有饭吃，不打仗就有荣誉，没有爵位照样尊贵，没有俸禄照样富有，没有官职照样有威风，这就叫作奸民。

【原典】

所谓“治主无忠臣，慈父无孝子”，欲无善言，皆以法相司也[①]，命相正也。不能独为非，而莫与人为非。所谓富者，入多而出寡。衣服有制，饮食有节，则出寡矣。女事尽于内，男事尽于外，则入多矣。

所谓明者，无所不见，则群臣不敢为奸，百姓不敢为非。是以人主处匡床之上[②]，听丝竹之声[③]，而无下治。所谓明者，使众不得不为。所谓强者，天下胜。天下胜，是故合力。是以勇强不敢为暴，圣知不敢为诈而虚用；兼天下之众，莫敢不为其所好，而辟其所恶[④]。所谓强者，使勇力不得不为己用。其志足，天下益之；不足，天下说之[⑤]。恃天下者，天下去之；自恃者，得天下。得天下者，先自得者也；能胜强敌者，先自胜者也[⑥]。

【注释】

①司：掌管，看管。

②匡：安稳。

③丝竹之声：指音乐。

④辟：同“避”，回避。

⑤说：悦。

⑥自胜：战胜自己的私心。

【译文】

所说的“善于治国的君主身边没有忠臣，慈爱的父亲身边没有孝子”，这是因为英明的君主不想听好听的恭维话，而是用法律使大臣互相监督，用命令让大臣互相纠正。这样的话，臣民们就不能单独为非作歹，也不能伙同别人为非作歹。所谓富有，是进的多出的少。穿衣有限制，吃喝有节制，那么支出的就少。妇女在家中尽量做自己该做的事，男人在外面做自己该做的事，那么收入就多。

所说的英明君主，是指君主没有什么地方看不到，那么大臣就不敢做奸诈的事，民众就不敢为非作歹。所以，君主坐在安适的床上，听着音乐，天下便治理好了。所说的英明君主，是指能使民众不能不按法令去做事。所说的强大君主，是指天下人都被他制服了，因此他能聚合天下人的力量。所以强悍的人不敢暴乱，圣明聪慧的人不敢做欺诈的事，而考虑被君主任用。拥有全天下的人，没有谁敢不做君主所喜欢的事，而回避君主所讨厌的事。所说的强大君主，是指能使有勇力的人不得不为自己所用。君主统一天下的理想能实现，天下的人都愿意辅佐他；他的理想如不能实现，天下的人也喜欢他。依靠天下的人，天下的人就会离开他；依靠自己，才能得到天下。得到天下的君主，首先是要得到自己；能战胜强大的敌人，首先要自己能战胜自己。

【原典】

圣人知必然之理、必为之时势，故为必治之政，战必勇之民，行必听之令。是以兵出而无敌，令行而天下服从。黄鹄之飞[①]，一举千里，有必飞之备也；丽丽巨巨[②]，日走千里，有必走之势也；虎豹熊罴[③]，鸷而无敌[④]，有必胜之理也。圣人见本然之政，知必然之理，故其制民也，如以高下制水，如以燥湿制火[⑤]。故曰：仁者能仁于人，而不能使人仁；义者能爱于人，而不能使人爱。是以知仁义之不足以治天下也。圣人有必信之性，又有使天下不得不信之法。所谓义者，为人臣忠，为人子孝，少长有礼，男女有别；非其义也，饿不苟食，死不苟生。此乃有法之常也。圣王者不贵义而贵法，法必明，令必行，则已矣。

【注释】

①黄鹄：天鹅。

②丽丽巨巨：皆为良马。

③罴：棕熊。

④鸷（zhì）：凶猛，勇猛。

⑤燥湿制火：以燥湿的方法控制火的生灭。

【译文】

圣明的人懂得社会发展的道理，一定要顺应时代发展的形势。因此，制定一定能把国家治理好的政策，战争用必定勇敢的民众，下达民众一定能听从的命令。所以军队出发打仗便会无敌于天下，君主的命令下达就会天下服从。黄鹄飞翔，一飞千里，这是因为它具备一定能飞行千里的翅膀。丽丽、巨巨这样的良马能日行千里之远，这是因为它们具备一天能奔驰千里的本领。虎、豹、熊、罴，凶猛无敌，是因为它们有能战胜其他野兽的能力。圣人能发现社会推进发展的合理准则，明白社会发展的规律，所以他统治民众，就像利用地势的高低来控制水流一样，又像用干湿的物品来控制火一样。所以说，讲求仁慈的人能够对别人仁慈却不能使别人仁慈；讲求道义的人能够爱别人，却不能使别人有爱心。因此，懂得仁慈不足以治理天下。圣人有一定让天下人信任的品性，又具有让天下人不能不信任的方法。这里所说的道义，是说作为臣子要忠心，做儿子要有孝心，长幼有礼，男女有别。如果不合乎道义，就是饿死也不能苟且吃饭，死了也不能苟且偷生。这些不过是有法制国家的平常之事。因此，圣明的帝王不重视道义而重视法律，而且法律定要明确，君主的命令一定要贯彻执行，这样就可以了。

十八、境内

【本篇简介】

本篇讲述了秦国的一些制度，包括户籍制度，仆役分配制度、军队建制、对有爵位的人的犯罪处治办法，不同爵位的人死后坟墓上树木的数量等。根据本篇我们还可以归纳出来十七级爵制，该爵制在一级爵公士之下还有小夫等三级，这三级是军杂人员校、徒、操的爵位。二级以上才是军队战斗人员的爵位，他们通过在对外战争中所获取的敌首数量来获得相应的爵位与田地。

【原典】

四境之内[①]，丈夫女子皆有名于上，生者著[②]，死者削[③]。

其有爵者乞无爵者以为庶子[④]，级乞一人。其无役事也[⑤]，其庶子役其大夫月六日；其役事也，随而养之军。

爵自一级已下至小夫[⑥]，命曰校、徒、操。出公，爵自二级已上至不更[⑦]，命曰卒。其战也，五人来簿为伍，一人兆而轻其四人[⑧]，能人得一首则复。五人一屯长，百人一将。其战，百将、屯长不得，斩首；得三十三首以上，盈论[⑨]，百将、屯长赐爵一级。

五百主，短兵五十人[⑩]。二五百主，将之主，短兵百。千石之令[⑪]，短兵百人；八百之令，短兵八十人；七百之令，短兵七十人；六百之令，短兵六十人。国尉[⑫]，短兵千人。将，短兵四千人。战及死事，而轻短兵。能一首则优。

【注释】

①四境：国家四周疆土。

②著：登记。

③削：注销。

④庶子：家臣。

⑤役事：指战役。

⑥小夫：指第五级大夫。

⑦不更：爵位名，第四级。

⑧兆：逃跑。轻：同“刭”，割颈。

⑨盈论：满足指定的数量。

⑩短兵：持刀剑之兵，即短兵器。

⑪千石：享受俸禄为一千石粮食的长官。

⑫国尉：官名，负责守卫的武官。

【译文】

国家境土之内，男女的名字都记录在官府的登记册上，新生的人就添加，死去的人就注销。

有爵位的人可以供养无爵位的家臣做他的“庶子”，每一级可以供养一个。没有军役的时候，庶子每月为他的大夫服役六天。有军役的时候，庶子跟随军队服役。

军中爵位，从公士第一级以下到小夫，叫作校、徒、操士。朝中爵位，从二级开始到不更，叫作卒。在战争中，五人编为一个名册，为一伍，若有一人逃跑，就将其余四个人割颈；如果谁能斩得敌人一颗首级，就可免除刑罚。每五人设一个屯长，一百人设一将。开战时，将、屯长在作战时如果得不到敌人首级，就要被斩首；如果得到敌人三十三颗首级以上，就算完成了规定的数目，可以提升一级爵位。

五百人的将领有持短兵器的士兵五十人。统率两个

五百人的主将，有持短兵器的士兵一百人。享受一千石俸禄的县令，有持短兵器的卫兵一百人。享八百石俸禄的县令，有持短兵器的卫兵八十人；享七百石俸禄的县令，有持短兵器的卫兵七十人；享六百石俸禄的县令，有持短兵器的卫兵六十人。国尉有持短兵器的卫兵一千人，大将有持短兵器的卫兵四千人。如果将官战死，卫兵就要受到刑罚。如果其中有人能够得到敌人一颗首级，就可免除刑罚。

【原典】

能攻城围邑斩首八千已上，则盈论；野战斩首二千，则盈论；吏自操及校以上大将尽赏。行间之吏也，故爵公士也，就为上造也[①]；故爵上造，就为簪袅[②]；就为不更；故爵不更，就为大夫。爵吏而为县尉[③]，则赐虏六，加五千六百。爵大夫而为国尉，就为官大夫[④]；故爵官大夫，就为公大夫[⑤]；故爵官大夫，就为公乘[⑥]；故爵公乘，就为五大夫[⑦]，则税邑三百家。故爵五大夫，就为大庶长[⑧]；故大庶长，就为左更。故三更也[⑨]，就为大良造[⑩]。皆有赐邑三百家，有赐税三百家。爵五大夫，有税邑六百家者，受客。大将、御、参皆赐爵三级。故客卿相，盈论，就正卿[⑪]。

以战故[⑫]，暴首三日[⑬]，乃校三日，将军以不疑致士大夫劳爵[⑭]。夫劳爵，其县过三日有不致士大夫劳爵，罢其县四尉[⑮]，訾由丞尉[⑯]。

【注释】

①上造：二等爵位。

②簪袅（zānniǎo）：爵位第三级，高于上造。

③县尉：官名，掌一县之军权。

④官大夫：爵位第六级。

⑤公大夫：爵位第七级，又名七大夫。

⑥公乘：爵位第八级。

⑦五大夫：爵位第九级，号为“大夫之尊”。

⑧大庶长：爵位第十八级。

⑨三更：爵位左更、中更、右更合称三更。

⑩大良造：为秦孝公时期秦国国内最高官职，掌握军政大权。秦惠文王之后成为爵名，位列二十等军功爵制第十六位。

⑪正卿：国家最高执政大臣，权力仅次于国君。

⑫以：同“已”，停止。

⑬暴：暴晒。首：首级。

⑭不疑：没有疑问。

⑮罢：罢免。

⑯訾（zǐ）：衡量。

【译文】

在围攻敌国的城邑时，军队斩敌人首级八千颗以上的，或在野战中斩敌人首级两千颗以上的，就算完成规定的数目，各级大

小将吏都可得到赏赐，可以升爵一级。军队中的军吏，过去爵位是公士的，升为上造；过去爵位是上造的，升为簪袅；过去爵位是簪袅的，升为不更；过去爵位是不更的，升为大夫。旧爵是小吏的，就升为县尉，赏赐奴隶六人，另加五千六百石俸禄。旧爵是大夫，担任国尉的，升为官大夫。过去爵位是官大夫的，升为公大夫；过去爵位是公大夫的，升为公乘；过去爵位是公乘的，升为五大夫，并赏赐他三百户的税金。过去爵位是五大夫的，升为大庶长；过去爵位是大庶长的，升为左更；过去爵位是三更的，升为大良造。大庶长、三更及大良造都赏赐三百户的城邑，另赏赐三百户的税金。爵位为五大夫，有六百户的地税和

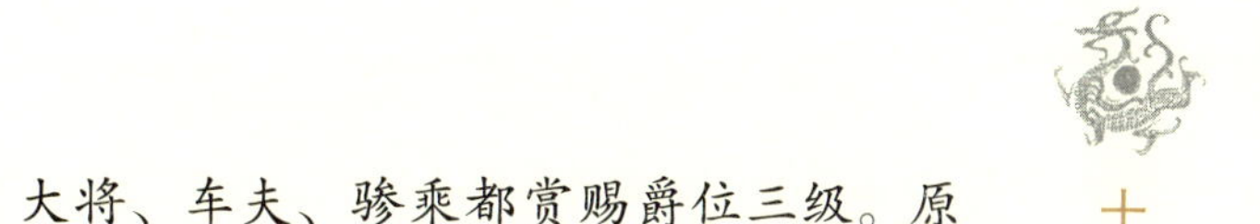

封邑，就可以接受门客。大将、车夫、骖乘都赏赐爵位三级。原来是客卿的，满足朝廷的规定就升为正卿。

战事停止后，将斩获的敌人首级示众三天，并加以核实，经过三天，将军认为无误，就按功赏给战士和大夫爵位。赏赐的爵位，县里过了三天还没有落实的，就撤去该县尉的职位，由该县的丞、尉进行量刑。

【原典】

能得甲首一者[①]，赏爵一级，益田一顷[②]，益宅九亩，除庶子一人[③]，乃得入兵官之吏。其狱法，高爵訾下爵级。高爵罢，无给有爵人隶仆。爵自二级以上，有刑罪则贬。爵自一级以下，有刑罪则已；小夫死。公士以上至大夫，其官级一等，其墓树级一树。

其攻城围邑也，国司空訾其城之广厚之数[④]。国尉分地，以校徒分积尺而攻之[⑤]，为期，曰："先已者当为最启，后已者訾为最殿。再訾则废。"内通则积薪，积薪则燔柱[⑥]。陷队之士，面十八人。陷队之士，知疾斗[⑦]，不得，斩首。队五人，则陷队之士，人赐爵一级。死，则一人后。不能死之，千人环规[⑧]，黥劓于城下[⑨]。国尉分地，以中卒随之。将军为木台，与国正监、与王御史参望之。其先入者举为最启，其后入者举为最殿。其陷队也，尽其几者[⑩]。几者不足，乃以欲级益之。

【注释】

①甲首：甲士之首，指带领士兵的长官。

②益：增加。

③除：授予。

④司空：官名，主管水利、营建之事。訾：测量。城：城墙。

⑤积尺：立方尺。攻：攻打。

⑥燔（fán）：燃烧。

⑦疾斗：迅速战斗。

⑧规：同“窥”。

⑨黥劓（qíngyì）：古代刑罚名。黥，墨刑。劓，割其鼻。

⑩几者：自愿申请的人。

【译文】

能够斩获敌人甲士首级一颗的，就赏赐爵位一级，增加田地一顷，增加住宅土地九亩，赏赐庶子一名，并可以进入军队或行政部门担任官员。刑狱的法令规定，由爵位高的人审判爵位低的人，爵位高的人因违法被罢免后，不再给他有爵位时所享用的奴仆。二级爵位发上的人犯了罪，就降级处罚。一级爵位以下的人犯罪，就取消他的爵位。小夫犯罪则处死，公士以上到大夫，爵位每高一级，死后他的坟墓旁就多种一颗树。

在围攻敌国城邑之前，先由国司空测量城墙的面积和厚度，国尉布置各队攻打的地点，规定攻下的期限。并命令说：“最先完成任务的立为头功，最后完成的斥为末等，两次被斥为末等就撤销其爵位。”打穿洞穴，就堆积柴薪，堆积柴薪就燃起柴枝。城的每一个方向分布十八个冲锋陷阵的士兵。他们都知道要快速结束战斗，如计划失败，就要被斩首。一个队能抓获或斩杀五个敌人，这个队的士兵就皆能获得爵位一级；一旦战死，则他的族人可以有一位继承爵位。如果怕死而不拼命力战的，就在千人围观之下，在城下处以黥刑或劓刑的刑罚。国尉划分地段，中军的士兵听从调遣。将军搭建木台，和国家的正监、王的御使一同观望。士兵先进城的，评为头功，后进城的，评为落后。使用冲锋陷阵的敢死队士兵，尽量用自己主动申请的人，自己申请的人数不够时，就用希望提升晋级的人做补足。

十九、弱民

【本篇简介】

弱民，是指民众弱势，其实质就是令民众遵法守法，服从国家的指令。商鞅认为，民众弱，就会淳朴，守规矩，就能服从国家的法规，从而响应国家号召，积极参与农战，使国家强大。反之，民众就会放纵散漫，不听号令，导致国家的力量削弱。有效的国家治理，必须驾驭民众，令民众弱。

【原典】

民弱国强，国强民弱。故有道之国，务在弱民。朴则强，淫则弱。弱则轨①，淫则越志②。弱则有用，越志则强。故曰：以强去强者，弱；以弱去强者，强。

民善之则亲，利之用则和。用则有任，和则匮，有任乃富于政。上舍法③，任民之所善，故奸多。民贫则力富，力富则淫，淫则有虱。故民富而不用，则使民以食出，各必有力，则农不偷。农不偷④，六虱无萌⑤。故国富而贫治，重强。

兵易弱难强。民乐生安佚。死难，难正[⑥]。易之则强。事有羞[⑦]，多奸；寡赏，无失。多奸疑[⑧]，敌失必利。兵至强威；事无羞，利用兵。久处利势，必王。故兵行敌之所不敢行，强；事兴敌之所羞为，利。法有，民安其次；主变，事能得齐[⑨]。国守安，主操权，利。故主贵多变，国贵少变。

【注释】

①轨：遵规守法。

②越志：放纵心志。

③舍法：不顾法度。

④偷：怠惰，松散。

⑤无萌：不会产生。

⑥正：期望。

⑦羞：羞战之心。

⑧疑：止息。

⑨齐：同“济”，成功。

【译文】

人们敬畏法律，国家就强，国家强大，人们也自然敬畏法律。所以治理有道的国家必然会致力于使民众敬畏法令。民众淳朴，就敬畏法律；

民众放纵，就敢于妄为触法。民众敬畏法律就遵守规矩，听众役使，恣意妄为就不受控制。所以说采取强民政策去除不守法的民众，国家力量就弱；采用弱民政策去除不守法的民众，国家力量就强。

善待人民，人民就亲近国家，国家合理地役使人民，人民就与国家同心。国家起用人民，人民就全力以赴。人民与国家同心，国家就不匮乏，人民全力以赴地工作，国家的政绩就一定好。如果国君不顾法度，放任民众为所欲为，那奸邪就多了。民众贫穷就会努力致富，努力致富就会放纵，放纵就会产生虱害一样的弊端。所以民众富裕了就不易役使，那就让他们以粮食顶替外出服役，使他们每人都必须出力，那样农民就不怠惰。农民不怠惰，六种虱害就不会产生。所以国家富强，人民守法就会强上加强。

国家兵力衰弱容易，强大困难，人们都爱惜生命，贪图安逸。拼死赴国难，这种期望是难以做到的。如果能改变人民拼死赴国难这个特点，战力就会强大。人民羞于战事，奸邪就会增多；国家赏罚仅出于农战之事的途径，就没有差错。奸邪止息。敌方在这方面有差错，对我们就会有利。兵力强大，就会产生声威；不羞耻于农战，就可以发挥士兵的最大作用。用兵长时间处于有利形势，君主一定能称王。所以用兵做敌人所不敢做的，兵力就强大；做敌人认为羞耻的事，国家就有利。法度有常，人民才能各事其位；君主随机应变，事情就能成功。国家安定，国君操纵大权，就有利。所以国君以机变为贵，国家以稳定为贵。

利出一孔[1]，则国多物；出十孔，则国少物。守一者治[2]，守十者乱。治则强，乱则弱。强则物来，弱则物去。故国致物者强，去物者弱。

民辱则贵爵[3]，弱则尊官，贫则重赏。以刑治民，则乐用；以赏战民，则轻死。故战事兵用曰强。民有私荣，则贱列卑官[4]；富则轻赏。治民羞辱以刑，战则战。民畏死、事乱而战，故兵农怠而国弱[5]。

农、商、官三者，国之常食官也。农辟地[6]，商致物，官法民。三官生虱六：曰“岁”，曰“食”；曰“美”，曰“好”；曰“志”，曰“行”。六者有朴，必削。农有余食，则薄燕于岁[7]；商有淫利，有美好，伤器[8]。官设而不用，志、行为卒[⑨]。六虱成俗，兵必大败。

【注释】

①孔：通道，渠道。

②守：保持。

③辱：地位卑微。

④列：位。

⑤兵农：士兵与农民。

⑥辟：开辟，开垦。

⑦薄：发语词，无意。燕：安，安逸。

⑧伤器：受物品所伤，指受物质的不良影响。

⑨卒：众。

【译文】

利禄出于一个渠道，国家的物资就多；出于十个渠道，国家的物资就少。保持出于一个渠道，国家就治理严整；保持出于十个渠道的，国家就混乱。国家治理安定就强大，治理混乱就衰弱。强大就会物资聚集；衰弱就会物资流散。所以国家能聚集物资就强，失去物资就弱。

民众地位卑弱就崇尚爵位，怯弱就会尊崇官位，贫穷就重视赏赐。用刑法统治民众，民众就乐于被役使；用赏赐来激励人民战争，参战者就会轻视死亡。因此，临战严整、士兵全力以赴，就强大。民众有自以为荣的尺度，就会轻视官爵，鄙视官吏；人

民富裕就会轻视赏赐。治理民众，用刑法让他们知道违背的羞耻，他们战争时就会出战。如果民众畏惧死亡，部署混乱，而去与别国战斗，士兵与农民都会怠惰，国家力量就会衰弱。

农民、商人、官吏，这三种人是国家常设的职业。农民开垦土地，商人交易货物，官吏治理人民。这三种职业会产生六种虱害：叫“岁”“食”“美”“好”“志”“行”。这六种虱害生了根，国家必定会衰弱。农民有了剩余的粮食，会成年安逸于享乐。商人获得了丰厚的利润和华丽的物品，会受到物质的不良影响。官吏虽然设置了，但官员不肯为国家出力，内心和行为变得低下。六种虱害形成风气，军队出征，必定会大败。

【原典】

法枉治乱①；任善言多。治众国乱；言多兵弱。法明治省②；任力言息。治省国治；言息兵强。故治大，国小；治小，国大。政作民之所恶，民弱；政作民之所乐，民强。民弱国强；民强国弱。故民之所乐民强，民强而强之，兵重弱。民之所乐民强，民强而弱之，兵重强③。故以强重弱，削；以弱重强，王④。以强政强弱，弱存；以弱政弱强，强去。强存则弱，强去则王。故以强政弱，削；以弱政强，王也。

【注释】

①枉：弯曲，邪曲。

②省：简明。

③重强：强上加强。

④王：称王。

【译文】

法度邪曲，统治混乱；任用贤良，谈论盛行。治道繁杂，国家就会混乱。谈论盛行，兵力就弱。法度明确，治理简明。重视实力，谈论就会停止。治理简化，国家安定；空谈停止，兵力就强。所以治道烦琐复杂，国家会弱小；治道简化明了，国家就会强大。政治作为是人民所憎恶的东西，人民就弱；政治作为是人民所喜欢的东西，人民就强。民众意志受国家主导而弱势，国家就强；民众意志不受国家约束而强势，国家就弱。人们所喜爱的是强势，如果民强

了而政策又使他们更强，国家兵力就会弱而又弱了。民众所喜欢的是民强；如果民强了而政策又使他们转弱，国家兵力就会强而又强了。所以实行强民的政策，以致兵力弱而又弱，国家就会衰弱；实行弱民的政策，以致兵力强而又强，就能称王天下。以强民的政策来治理强民和弱民，强民是仍然存在；以弱民的政策治理弱民和强民，强民就会消除。强民存在，国家就弱；强民消除，就能称王天下。可见，用强民政策统治强民，国家就会衰弱；用弱民政策统治强民，就能称王于天下。

【原典】

明主之使其臣也，用必加于功，赏必尽其劳[①]。人主使其民信此如日月，则无敌矣。今离娄见秋豪之末，不能以明目易人；乌获举千钧之重，不能以多力易人；圣贤在体性也，不能以相易也。今当世之用事者，皆欲为上圣，举法之谓也。背法而治，此任重道远而无马、牛，济大川而无舡楫也[②]。今夫人众兵强，此帝王之大资也，苟非明法以守之也，与危亡为邻。故明主察法，境内之民无辟淫之心[③]，游处之士迫于战阵，万民疾于耕战。有以知其然也。楚国之民，齐疾而均[④]，速若飘风；宛钜铁釶[⑤]，利若蜂虿[⑥]；胁蛟犀兕[⑦]，坚若金石；江、汉以为池[⑧]，汝、颍以为限[⑨]；隐以邓林[⑩]，缘以方城。秦师至，鄢、郢举，若振槁[⑪]；唐蔑死于垂涉[⑫]，庄跻发于内[⑬]，楚分为五。地非不大也，民非不众也，甲兵财用非不多也；战不胜，守不固，此无法之所生也，释权衡而操轻重者。

【注释】

①尽：包含，囊括。

②舡（chuán）：船。楫：划船的用具。

③辟淫：逃避之意。

④齐疾：行动快速。

⑤铁鉇（shī）：铁矛。

⑥蜂虿（fēngchài）：蜂和虿，都是有毒刺的螫虫。

⑦犀兕（xīsì）：犀牛。兕，雌犀牛。

⑧池：壕沟，即护城河。

⑨限：阻碍，险阻。

⑩邓林：楚国的北部地界。

⑪振槁：抖落枯叶。槁，枯叶。

⑫唐蔑：楚国将领。

⑬庄蹻（qiāo）：战国时期反楚起事领袖和楚国将军，楚庄王之苗裔。

【译文】

圣明的君主差遣他的大臣，任用一定要考察他的功绩，奖赏一定要针对他所有的功劳。君主使臣民相信这一点如同相信日月运行一样，就会天下无敌了。离娄能看到秋毫之末，却不能把他的明亮的眼睛给旁人；乌获能举起千钧的重量，却不能把他的神力给予旁人。圣贤的才能在于自身秉性，也难以互相交换。当今执掌政权的人都想成为圣人，那就要实行法治。抛开法度治理国家，这就是负重远行而没有马牛，想渡过大河而没有船只可用。现在国家人口多，兵力强是成就帝王之业的大好资本，如果不以法令加以巩固，就接近危亡了。圣明的君主修明法度，使民众没有逃避放纵的念头，游客处士都不得不参加战争，使万民都努力于农战。国君应当明白其中的道理。楚国的民众行动迅速而统一，速度如旋风一般。手持宛如钢铁制成的矛，如蜂蝎的刺一样锋利，身披鲛鱼、犀牛皮制的铠甲，像金属和石头一样坚固。以长江、汉水作为护城的壕沟，有汝河、颖水作为险阻，以邓林作为屏障，以方城作为要塞。可是秦国大军到来，攻下鄢郢如同摧枯拉朽。楚将唐蔑在垂涉战死，楚将庄跷在国内起义，楚国就一分为五了。楚国土地并非不广阔，人民并非不众多，兵甲财物并非不充足，而作战却不能取得胜利，防守不能坚固，这就是没有修明法度的结果，就像舍弃权衡的工具而去度量轻重一样。

二十、外内

【本篇简介】

本篇主要讲述对外作战和对内农耕方面的政策。这是为了富国强兵，而从人民的角度着眼管理的一种方式。就对外作战来说，要赏罚分明，以切实公正的奖赏抓住人民重利轻死的心理，鼓励人民为国拼力而战；就对内而言，要重视农业，限制手工业，让农民获得最大的利益。

【原典】

民之外事[①]，莫难于战，故轻法不可以使之。奚谓轻法？其赏少而威薄，淫道不塞之谓也[②]。奚谓淫道？为辩知者贵，游宦者任[③]，文学私名显之谓也。

三者不塞，则民不战而事失矣。故其赏少，则听者无利也；威薄，则犯者无害也。故开淫道以诱之，而以轻法战之，是谓设鼠而饵以狸也，亦不几乎[④]！

故欲战其民者，必以重法。赏则必多，威则必严，淫道必塞，

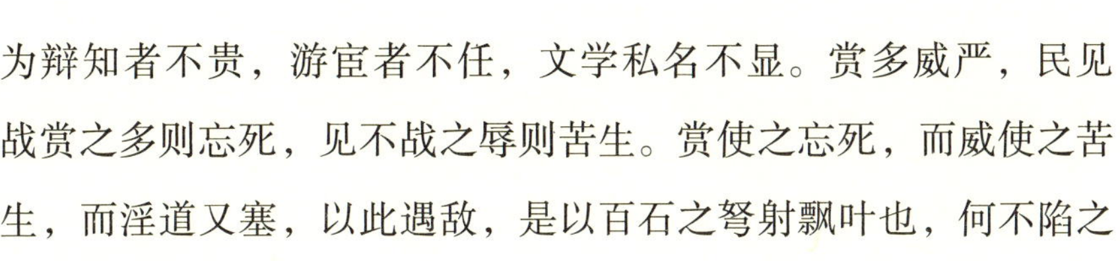

为辩知者不贵，游宦者不任，文学私名不显。赏多威严，民见战赏之多则忘死，见不战之辱则苦生。赏使之忘死，而威使之苦生，而淫道又塞，以此遇敌，是以百石之弩射飘叶也，何不陷之有哉[⑤]？

【注释】

①外事：境外之事。

②淫：放任，放纵。塞：堵塞。

③游宦：游走求官。

④几：希望渺茫。

⑤陷：攻破，攻陷。

【译文】

人民对于境外之事，没有比战争更危难的了。所以朝廷用轻法就不能令他们去作战。什么叫轻法呢？就是赏赐少而刑罚轻，放纵的路没有被堵住。什么是放纵之路呢？就是能言善辩之人得到尊贵，不守本业、游走求官的人得到任用，各种家思想得到显扬。

这三种途径若是不堵住，那么人民便不肯卖力出战，国家的战事就会失败。原因在于朝廷的赏赐少，而听从法令的人得不到什么利益；刑罚轻，违法犯罪的人就得不到什么惩罚。所以开启放纵之路，诱导人民的放任动机，试图用轻法令百姓去参战，这是如同诱捕老鼠而用猫作诱饵一样，有什么可能性呢！

因此，要想让人民出战，必须用重法。赏赐必须丰厚，刑法必须严明，放纵的道路必须堵塞。让那些能言善辩的人得不到尊贵，游走求官的人得不到任用，各种家思想不得显扬。因为赏赐丰厚而刑罚严明，人民看到战争的赏赐多就会舍身忘死，不顾危险，看到不参加战争的耻辱自己就会害怕那样痛苦地活着。所以重赏使他们忘记死的危险，严刑使他们害怕痛苦地活着，放纵之路又被阻塞，用这样的政策，来对待相遇的敌人，就好比用百石的强弓射飘摇的树叶，能有射不透的吗？

【原典】

民之内事[①]，莫苦于农，故轻治不可以使之。奚谓轻治？其农贫而商富，故其食贱者钱重[②]，食贱则农贫，钱重则商富。末事不禁，则技巧之人利，而游食者众之谓也。故农之用力最苦，而赢利少，不如商贾、技巧之人。苟能令商贾、技巧之人无繁[③]，

则欲国之无富，不可得也。故曰：欲农富其国者，境内之食必贵，而不农之征必多，市利之租必重。则民不得无田[4]，无田不得不易其食[5]。食贵则田者利，田者利则事者众。食贵，籴食不利，而又加重征，则民不得无去其商贾、技巧而事地利矣。故民之力尽在于地利矣。

故为国者，边利尽归于兵[6]，市利尽归于农。边利归于兵者强，市利归于农者富。故出战而强，入休而富者，王也。

【注释】

①内事：境内之事。

②钱重：指钱值钱。

③无繁：不多。

④田：耕种。

⑤易：交换。

⑥边：守卫边境。利：好处。

【译文】

人民对于境内之事，没有比农耕更苦的了。所以轻治就不能役使他们。什么叫轻治？就是农民贫穷而商人富有，所以粮食贱而钱就升值，粮价低农民就穷，钱升值商人就富有。假如不约束工商业，那么手工业者就会获利，而游手好闲、只求温饱的人也就增多了。因此，农民付出的劳力最为辛苦，获利却最少，反而不如商业和手工业者。如果能使商人和手工业者不那么多，国家想不富裕都难。所以，要想通过发展农业使国家富强，国内的粮价必须贵，而对于不从事农业生产者的赋敛必须增多，从事买卖交易的利税必须加重。那么，人民就不得不去种田，如果不耕种就不得不买粮，这样粮价高农民就获利。如果耕种的人获利，从事务农的人就会多。由于粮食价格高，买粮就不合适，而又加重赋敛，那么，民众就不得不放弃经商、手工业，而只能通过农业生产来获利。由此，民众的力量都会集中到农业上来。

所以，治理国家的人，要把守卫边境的好处都给士兵，把市场交易的好处都给农民。把边境的好处给士兵国家就强大，把市场交易贸易的好处给农民国家就富有。所以在外征战兵力强大，在内休养生息国家富裕，这样就能够称王天下了。

二十一、君臣

【本篇简介】

本篇引古证今，说明法律的重要性。讲述了君与臣的不同角色与等级关系。君主因为拥有至高无上的权威，并得到人民的尊崇，政令才会通达。所以，身为君主，凡事要以法律为准则，不能以个人的好恶行事而违反法度。君臣的等级关系是社会秩序的基石，各种官职的设置是为了辅助君主管理国家的需要而产生。所以其职能的行事，一定要符合国家的利益和法度，这样才能使社会稳定。

【原典】

古者未有君臣上下之时，民乱而不治。是以圣人列贵贱[①]，制爵位，立名号，以别君臣上下之义。地广，民众，万物多，故分五官而守之。民众而奸邪生；故立法制、为度量以禁之[②]。是故有君臣之义、五官之分、法制之禁，不可不慎也。

处君位而令不行，则危；五官分而无常，则乱；法制设而私善行，则民不畏刑。君尊则令行，官修则有常事，法制明则民畏刑。法制不明，而求民之行令也，不可得也。民不从令，而求君之尊也，虽尧、舜之知，不能以治。

明王之治天下也，缘法而治[③]，按功而赏。凡民之所疾战不避死者，以求爵禄也。明君之治国也，士有斩首、捕虏之功，必其爵足荣也，禄足食也；农不离廛者[④]，足以养二亲，治军事。故军士死节，而农民不偷也。

【注释】

①列：划分。

②度量：即度量衡。

③缘：依照。

④廛（chán）：乡里。

【译文】

在古代没有君臣上下等级之时，人民混乱

不安。所以圣人就划分贵贱，设立爵位，建立名号，用来区别君臣上下的等级关系。由于国土广阔，人口众多，物产丰富，所以就分设五官来管理。由于人口众多就会产生奸邪，所以创立法制作为标准来控制奸邪的产生。所以有君臣上下的等级关系，五官的职分、法律的限制，其行为就不能不谨慎。

处在君主的地位而命令行不通，就危险了；五官职分明确，却没有常规，就乱套了；法制早已建立，而私下却有越过法规来做好人的风气，人民就不惧怕刑罚了。只有国君讲究尊严，法令就能执行；官员清

明，政务就有规矩；法制严明，人民就会惧怕刑罚。所以法制不明，而要求人民服从法令，是不可能的。如果民众不服从法令，而希望君主有尊严，即使国君有尧舜那样的智慧，也难以治理好国家。

明君治理天下，就要依照法制来处理政事，按照功劳大小进行赏赐。凡是人民勇敢作战，不畏死亡的，不过是为了求得爵禄。明君治理国家，只要兵士有斩杀敌首、抓获俘虏的功劳，一定要让他的爵位足以荣耀，俸禄足够食用。这样农民不离开乡土，不仅足够赡养双亲，并能供给军队粮草所需。因此，士兵才肯拼命作战，农民才不惰怠。

【原典】

今世君不然，释法而以知，背功而以誉①。故军士不战，而农民流徙。臣闻：道民

之门[2]，在上所先。故民，可令农战，可令游宦，可令学问，在上所与。上以功劳与，则民战；上以《诗》、《书》与，则民学问。民之于利也，若水于下也，四旁无择也[3]。民徒可以得利而为之者，上与之也。瞋目扼腕而语勇者得[4]，垂衣裳而谈说者得[5]，迟日旷久积劳私门者得。尊向三者，无功而皆可以得，民去农战而为之。或谈议而索之，或事便辟而请之[6]，或以勇争之。故农战之民日寡，而游食者愈众。则国乱而地削，兵弱而主卑。此其所以然者，释法制而任名誉也。

故明主慎法制。言不中法者不听也[7]，行不中法者不高也，事不中法者不为也。言中法，则辩之[8]；行中法，则高之；事中法，则为之。故国治而地广，兵强而主尊，此治之至也[9]。人君者不可不察也。

【注释】

①背：舍弃。

②道：同“导”，引导。

③四旁：四方。

④瞋（chēn）目：瞪大眼睛。

⑤垂衣裳：垂下两手，意为放任无为的样子。

⑥便辟：君主宠幸之人。

⑦中：符合。

⑧辩：动听。

⑨至：达到。

【译文】

当今的国君却不是这样，他们不顾法制而以个人的智慧来治国，舍弃功劳而根据此人的声誉封赐。所以军士不肯作战，农民流迁外地。我听说引导百姓的关键，就在于君主的倡导。所以对于民众来说，可以使他们务农作战，也可以使他们游走求官，还可以使他们致力于学问。这些皆取决于君主赏赐的重点或方向。君主只要根据战功行赏，人民就奋勇作战；君主根据人民所读《诗》《书》的水平来赐予爵禄，人民就致力于学问。因此，人民对利益的追逐，如同水向低处流一样，是没有其他选择的。人民可以致力于获取利益的事，完全是由君主的赏赐决定的。凭瞪眼睛、撸胳膊而口头勇武的人获利，垂下两手而高谈阔论的人得利，

长期依附权贵的人得利。还要尊崇以上这三种人，他们没有功劳而得到赏赐，那么，人民就要放弃农战而效仿这些事情了，他们或者用高谈阔论求得爵禄，或者依附权贵而求得好处，或者用悍勇去争得利益。所以从事农战的人便日益减少，而游荡吃闲饭的人则越来越多。那样，国家就会混乱，土地会被割让，兵力弱而君主地位就会卑微。之所以如此，则是因为国君抛开法制而相信虚名。

所以，圣明的君主就要重视法度，言论不合法度的不听，行为不合法度的不推崇，事情不合法度的不做。并且言论合乎法度，就听从；行为合乎法度，就崇尚；事情合乎法度，就去做。所以国家才能政治清明，土地广大，兵力强大，君主尊贵。这就是国家治理的最高境界。因此，身为国君就不能不加以明察呀。

二十二、禁使

【本篇简介】

本篇讲述君主权力和行使权力的方法，即君臣相互间的利益冲突导致相互制约，是君主行使权力时应加以利用的主要方面。为了防止滥用权力，合伙谋利，文中还着重强调要完善法制，明确执行标准，让官吏和民众相互监督与制约，令违法错乱的行为难以掩藏。

【原典】

人主之所以禁使者①，赏罚也。赏随功，罚随罪。故论功察罪，不可不审也。夫赏高罚下，而上无必知其道也，与无道同也②。

凡知道者，势数也③。故先王不恃其强，而恃其势；不恃其信，而恃其数。今夫飞蓬遇飘风而行千里④，乘风之势也；探渊者知千仞之深⑤，县绳之数也。故托其势者，虽远必至；守其数者，虽深必得。今夫幽夜⑥，山陵之大，而离娄不见。清朝日煊⑦，则上别飞鸟，下察秋豪。故目之见也，托日之势也。

得势之至，不参官而洁[8]，陈数而物当。今恃多官众吏，官立丞、监[9]。夫置丞立监者，且以禁人之为利也；而丞、监亦欲为利，则何以相禁？故恃丞、监而治者，仅存之治也。通数者不然也。别其势，难其道。故曰：其势难匿者，虽跖不为非焉。故先王贵势。

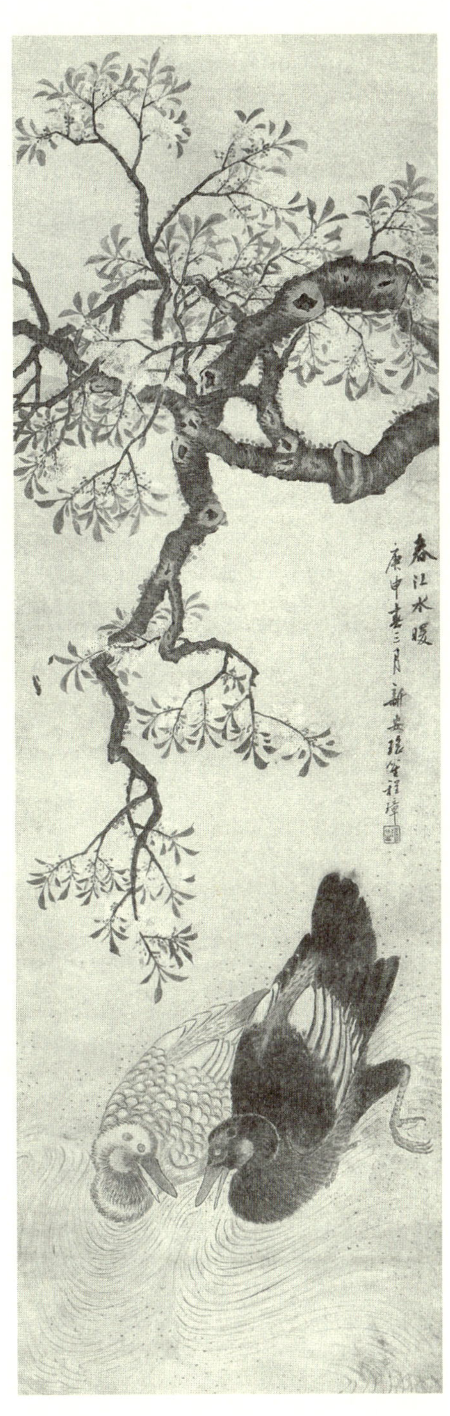

【注释】

①禁：禁止。使：役使。

②道：规矩，法制。

③势：形势。数：方法，手段。

④飞蓬：蓬草，遇风时在空中飞旋。

⑤探：测量。

⑥幽夜：幽暗的夜晚。

⑦烜（xuǎn）：明亮。

⑧参：多。洁：合乎法度。

⑨丞、监：负责监察和监督的官员。

【译文】

国君之所以能够禁止和役使臣下，全在于赏赐和刑罚。依据功劳赏赐，根据罪行惩罚。所以要想衡量功劳，考察罪行，就不能不慎重审察。而赏赐功劳，处罚犯罪，但国君如果没有明确其中的原则，那么就如同没有法制是一样的。

凡是能够了解法度，就懂得形势和统治的方法。所以先王不依仗他的强悍，而是依仗把握客观形势；不仗恃他的忠信，而是依仗他的统治方法。飞蓬遇到旋风而飞越千里，是借助风势；测量深潭的人知道千仞的深度，是运用了悬绳测量法。所以借助外部力量，即使道路遥远也能到达。掌握了测量方法，即使非常的深也能测出来。幽暗的夜晚，即使高山再大，离娄也看不见。由于清晨的阳光明亮，他才能够上能辨别天空的飞鸟，下能明辨地上的毫毛。所以眼睛能看见东西，是借助于太阳这一客观条件。

只要懂得把握和利用情势，君主则不需要多设官吏便能得到好的效果，使设置符合自然法度。因此现在治国的人，依靠官多吏众，官吏中又设辅佐和监察人员。设立辅佐和监察人员是为了禁止官员们谋取私利。但辅佐和监察人员也想谋取私利，那怎么去禁止呢？因此只依靠辅佐和监察人员来治理国家，仅能使国家维持生存而已。而通晓治国方法的国君就不会这样。他们会辨明国家形势，阻碍谋私的路径。所以说，一旦受治理情势的制约而难以隐瞒私利时，哪怕像盗跖那样的凶恶也不敢为非作歹。所以古代帝王特别重视对客观形势的运用。

【原典】

或曰："人主执虚后以应[①]，则物应稽验[②]，稽验则奸得[③]。"君以为不然。夫吏专制决事于千里之外，十二月而计书以定[④]，事以一岁别计，而主以一听，见所疑焉，不可蔽[⑤]，员不足。夫物至，则目不得不见；言薄[⑥]，则耳不得不闻。故物至则变，言至则论。故治国之制，民不得避罪，如目不能以所见遁心。今乱国不然，恃多官众吏。吏虽众，同体一也。夫同体一者相不可。

且夫利异而害不同者。先王所以为保也。故至治，夫妻、交友不能相为弃恶盖非，而不害于亲，民人不能相为隐。上与吏也，事合而利异者也。今夫驺虞[7]，以相监不可，事合而利异者也。若使马焉能言，则驺虞无所逃其恶矣，利异也。利合而恶同者，父不能以问子，君不能以问臣。吏之与吏，利合而恶同也。夫事合而利异者，先王之所以为端也。民之蔽主[8]，而不害于盖。贤者不能益，不肖者不能损。故遗贤去知，治之数也。

【注释】

①虚：虚空。

②稽验：核查校验。

③奸得：发现奸邪。

④计书：向国家呈报的文书。

⑤蔽：决定。

⑥薄：迫近，接近。

⑦驺虞（zōuyú）：古代管理鸟兽的官。

⑧蔽：蒙蔽，欺骗。

【译文】

有人说："君主以虚心稳重的态度对待事物，事物就能得到相应的查验，经过核查就能发现奸邪。"我却认为不是这样。由于官吏在远在千里之外的地方决断政务，在十二月按时将决断的大小事务登在簿册上。每年仅汇报一次，而君主听取一次，即使有所怀疑，也不能下判断，因为物证不足。而只有东西出现在眼皮底下，眼睛就不会看不到；声音在耳边响起，耳朵就不会听不见。

所以，当东西在眼前时，就能辨别清楚；言语出现，才能讨论决定。所以国家如果法制清明，人民就不能隐藏自己所犯的罪行，就像眼睛不能使见到的事物逃出心的审视一般。而政治昏乱的国家却不是这样，治理国家只依赖官吏众多。官吏虽然多，但他们是利益的共同体。他们利益一致就不可能来互相监督。

而只有利害不同，才是古代君主用以互相保证的办法。所以好的政治，夫妻、朋友都不能互相掩藏罪恶，这不是不念亲情，而是周围民众不容许他们互相隐瞒。君主与官吏，因为事务相关而利益不同。如果让马夫和马夫互相监督就行不通，因为他们事务相关而利益一致。假如马会说话，马夫的罪恶隐藏不了，因为马和马夫的利益不同。当利益相同，罪恶相同时，父亲不能追责儿子，君主不能追责臣下。官吏与官吏之间，因为利益相同而罪恶也相同。只有共事而利益不同，才是古代帝王建立制约与保证的根据。人民蒙蔽君主，而不受监督的妨害。这样，不但有才之士不能增加，没有才能的人也不能减少。所以，冷落有才之士，摒弃智慧之人，才是好的管制方法。

二十三、慎法

【本篇简介】

慎法，就是谨慎使用法制。本篇其实是关于废弃空谈的一个理论基础。商鞅指出一个关键问题，空谈与结党相关。对此，阐明要建立公平客观地使用官员制度，防止偏私废公，结党营私。同时，再次强调农战是实力的真实体现，但也是人民所最辛苦从事的事情。需要用行赏来强制。

【原典】

凡世莫不以其所以乱者治，故小治而小乱，大治而大乱，人主莫能世治其民，世无不乱之国。奚谓以其所以乱者治？夫举贤能，世之所治也，而治之所以乱。世之所谓贤者，言正也；所以为善正也，党也。听其言也，则以为能；问其党，以为然。故贵之不待其有功，诛之不待其有罪也[①]。此其势正使污吏有资而成其奸险[②]，小人有资而施其巧诈。初假吏民奸诈之本[③]，而求端悫其末[④]，禹不能以使十人之众，庸主安能以御一国之民？

彼而党与人者，不待我而有成事者也。上举一与民[⑤]，民倍主位而向私交[⑥]。民倍主位而向私交，则君弱而臣强。君人者不察也，非侵于诸侯，必劫于百姓。彼言说之势，愚智同学之，士学于言说之人，则民释实事而诵虚词。民释实事而诵虚词，则力少而非多。君人者不察也，以战必损其将，以守必卖其城[⑦]。

【注释】

①诛：除去。

②资：凭借的资本。

③假：假借。

④悫（què）：恭敬，朴实。

⑤举：举荐任用。

⑥倍：同“背”，背弃。

⑦卖：出卖。

【译文】

现代的国君没有不用会导致乱国的方法去治国，所以当他们小力度地治理，国家就小乱；大力度地治理，国家就大乱。国君没有谁能够世世代代来统治人民，而世界上更没有不混乱的国家。什么叫作用乱国的方法去治国呢？例如，推举有才之士，就是现代国君们采用的治国方法，然而，这种治国方法正是乱国的原因。因为人们所说的贤，是善良、正直，但善良正直的名声却是出于他们的党派团伙。国君如果只听他的言论，以为他是贤能；问他的党派，都说他是如此。因而不待他立功，就器重他；不待有罪就加以刑罚。所以这种情况正是使贪官污吏有了本钱而达成奸险行为；使小人有了本钱而施展巧诈之事。如此一开始就埋下官吏和人民进行欺诈的根子，却希望他们长出端正和诚实的枝叶，又怎么可能？即便是大禹也不能役使十个人之多，何况其平庸的国君又怎能统治一国的臣民呢？

那些结成党派的人，不等国君批准就能办成自私的勾当。如果国君任用这样一个人，臣民就会背弃国君而投入私下结交。因为臣民背弃国君而专注私交，那国君就弱小而大臣就强了。国君察觉不到这一点，不是受诸侯的侵扰，就是要被百姓所推翻。而且那些人谈说的言论，使愚昧和智慧的人都效仿，知识分子都向谈说的人学习，因而人们都不求实际而去发表空虚的言论。人们都不求实际而发表空虚的言论，国家也就实力小

而是非多了。国君不明察这一点，用这样的人去作战，必定会损兵折将；用这样的人去防守，必定会出卖城邑。

【原典】

故有明主忠臣产于今世，而欲领其国者，不可以须臾忘于法[①]。破胜党任，节去言谈[②]，任法而治矣。使吏非法无以守，则虽巧不得为奸；使民非战无以效其能[③]，则虽险不得为诈。夫以法相治，以数相举。誉者不能相益，訾者不能相损[④]。民见相誉无益，习相爱不相阿；见訾言无损，习相憎不相害也。夫爱人者不阿，憎人者不害。爱恶各以其正，治之至也。臣故曰：法任而国治矣。

千乘能以守者，自存也；万乘能以战者，自完也；虽桀为主，不肯诎半辞以下其敌[⑤]。外不能战，内不能守，虽尧为主，不能以不臣谐所谓不若之国。

【注释】

①须臾：片刻，一会儿。

②节去：节制去除。

③效：施展，实施。

④訾（zī）：说别人的坏话，诋毁。

⑤诎(qū)：同“屈”，屈服。

【译文】

因此如果有明主忠臣出现于当今，而要统治他们的国家，就不能片刻忘记法制。只有打破和战胜党派的奸邪巧诈，除去空虚的言论，依照法度来治理，国家就安定了。这样，使官吏除了法度之外没有凭借的东西，那么，即使再巧诈也做不了奸险之事。使百姓除了农战外没有什么地方可施展他们能力的，那么，即使再奸巧的人也做不出什么坏事。因此，用法制来制约，按规定举

荐使用人才。相互赞誉，不会给彼此带来什么好处，相互诋毁，也不会给彼此带来什么损害。所以，百姓见相互赞誉没有什么好处，就会形成相互尊敬而并不徇私的风气；见诋毁别人没有给他人带来损害，就会形成即使相互有矛盾也不会算计或损害他人的风气了。喜爱某人，而不偏私；憎恶某人，而不去贬损。喜爱和憎恶都有正当的表现，就是治理国家的最高境界。所以我说，运用法度国家就一定能治理好。

有千辆兵车用来守卫的国家，可以自保；有万辆兵车用来征战的国家，国家可以稳固。即使桀为君主，也不肯向敌人说半句示弱的话。如果对外不能战斗，对内不能防守，即使尧为君主，也不能不讲和或臣服于所谓不如自己的国家。

【原典】

自此观之，国之所以重，主之所以尊者，力也。于此二者力本，而世主莫能致力者，何也？使民之所苦者无耕，危者无战。二者，孝子难以为其亲，忠臣难以为其君。今欲驱其众民[①]，与之孝子忠臣之所难，臣以为，非劫以刑而驱以赏莫可。而今，夫世俗治者，莫不释法度而任辩慧，后功力而进仁义，民故不务耕战。彼民不归其力于耕，即食屈于内[②]；不归其节于战，则兵弱于外。入而食屈于内，出而兵弱于外，虽有地万里、带甲百万，与独立平原一贯也③。

且先王能令其民蹈白刃④，被矢石⑤。其民之欲为之，非如学之，所以避害。故吾教令：民之欲利者，非耕不得；避害者，非战不免。境内之民莫不先务耕战，而后得其所乐。故地少粟多，民少兵强。能行二者于境内，则霸王之道毕矣⑥。

【注释】

①驱：役使。

②屈：用尽。

③独立：独自站立。

④蹈（dǎo）：踩踏。

⑤矢：箭。

⑥毕：成就，完成。

【译文】

由此可见，国家受到他国的重视，国君受到他人的尊重，都在于自身的实力。既然提高国家和君主地位的根本在于实力，可国君却没有全力来追求，这是为什么呢？能够使百姓感到劳苦的事就是耕田，危难的事就是战争。对于这两件事，孝子为了他的父亲、忠臣为了他的君主，都难以做到。如果现在想役使人民，交给他们孝子、忠臣都难以做到的事，我以为，不以刑罚来迫使他们，以赏赐来驱使他们是不行的。但现在的君主，无不放弃法

制而只会任用能说会道、智慧善巧的人，把功劳和实力置于后面，而把仁义却摆在前面，人民因此不致力于耕种和农战。人民不把力量集中在耕田上，国内的粮食就容易缺乏；不讲节义地发动战争，对外兵力就弱了。对内缺乏粮食，对外兵力薄弱，即使有国土万里，身披战甲的将士百万，那么国家也会如同独自地站在平原上一样。

古代帝王能让他的臣民勇上刀山，敢冒弓箭和飞石。他的百姓之所以愿意这样做，不是因为喜欢这样，而是为了避免刑罚的制裁。所以我们教令：百姓想获得利益，不耕种就得不到；想避免刑罚，不去作战就不能免除。国内的人民没有不先从事耕战，然后才得到他们想要的安乐的。所以土地少而粮食多，人民少而兵力强。能在国内把这两点做到，那么就可以成就王道霸业了。

二十四、定分

【本篇简介】

定分，就是定名分，即要明确法令的适用范围。本篇论述了“为法置官吏”的制度和意义，以及法官法吏的职责。并且着重讨论了如何贯彻落实这一问题。针对秦孝公的询问及要求，商鞅认为，法令制定后，要有专人推广宣传和解释，使人民理解法令的严肃性，从而约束自己避免触犯，以达到天下大治。

【原典】

公问于公孙鞅曰：“法令以当时立之者，明旦欲使天下之吏民皆明知而用之[①]，如一而无私，奈何”？公孙鞅曰：为法令，置官吏，朴足以知法令之谓者[②]，以为天下正，则奏天子。天子若则各主法令之[③]。皆降，受命发官[④]，各主法令之民。敢忘行主法令之所谓之名，各以其所忘之法令名罪之。主法令之吏有迁徙物故[⑤]，辄使学读法令所谓[⑥]，为之程序，使日数而知法令之所谓；不中程，为法令以罪之。有敢剟定法令损益一字以上[⑦]，罪死不赦。

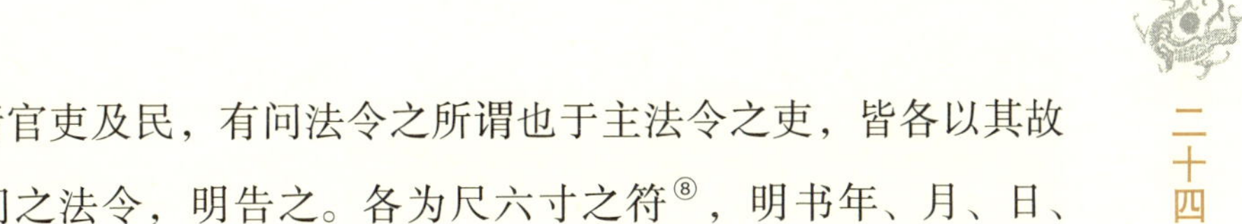

诸官吏及民，有问法令之所谓也于主法令之吏，皆各以其故所欲问之法令，明告之。各为尺六寸之符[⑧]，明书年、月、日、时、所问法令之名，以告吏民。主法令之吏不告，及之罪，而法令之所谓也，皆以吏民之所问法令之罪，各罪主法令之吏。即以左券予吏之问法令者[⑨]，主法令之吏，谨藏其右券木柙；以室藏之，封以法令之长印。即后有物故，以券书从事。

【注释】

①用：遵照，奉行。

②朴：资质。

③若：批准，许可。

④发官：赴任。

⑤物故：死亡。

⑥辄（zhé）：及时，立刻。

⑦剟（duō）：删削，此指修改。

⑧符：符券；以为凭证。

⑨左券：符券刻字，剖为两片，当事人各执一片，以为凭据。

【译文】

秦孝公问公孙鞅说：“今天制定的法令，明天清晨就想让全国的官吏和百姓都明确并奉行，统一而无私，应怎么办？”公孙鞅说：“制定法令，设置官吏。可以任用通晓法令资质的人作为官吏，向百姓发布具体的法令内容，将这样的官吏，推荐给天子。

天子同意后，就签发诏令，让他们主管各地的法令。各自接受任命之后，立即上任，他们的职责就是向各地的百姓发布法令。如果法官敢违背主管法令中的某项条文行事，就用他所违背的那条法令罪名来惩罚他。主管法令的官吏，若有变更调任或死去，就需要立刻命令后备法官学习法令的内容。并且为他指出司法流程，让他在几天之内要通晓法令的内容。如果不能符合标准，就用相应的法令惩罚他。若有胆敢擅自改动法令而增减一个字以上的，就是死罪不赦。

众官吏和百姓若向主管法令的官吏询问法

令的具体内容，主管法令的官吏必须根据他们的问询作出明确答复。而且还要做一个一尺六寸长的符券，上面写明年、月、日、时间、所问法令的内容，用来告知官吏和百姓。主管法令的官吏如果不告诉他们具体的法令内容，等到询问法令的人犯了罪，而且正是他们所询问的那一条，那就按他们所询问的那条罪状来惩罚主管法令的官吏。在询问时，要写好符券，并把符券的左片给询问法令的人，主管法令的官吏则要谨慎地将右片放入木匣，藏在一个屋子中，用法令长官的印封上。即使以后当事人死了，也必须依照符券

【原典】

法令皆副[①]，置一副天子之殿中，为法令为禁室，有铤钥[②]，为禁而以封之，内藏法令一副禁室中，封以禁印。有擅发禁室印，及入禁室视禁法令，及禁剟一字以上，罪皆死不赦。一岁受法令以禁令[③]。天子置三法官，殿中置一法官，御史置一法官及吏，丞相置一法官。诸侯、郡、县皆各为置一法官及吏，皆此秦一法官[④]。郡、县、诸侯一受赍来之法令[⑤]，学问并所谓。吏民知法令者，皆问法官。

故天下之吏民无不知法者。吏明知民知法令也，故吏不敢以非法遇

民⑥，民不敢犯法以干法官也。遇民不修法⑦，则问法官，法官即以法之罪告之，民即以法官之言正告之吏。吏知其如此，故吏不敢以非法遇民，民又不敢犯法。如此，天下之吏民虽有贤良辩慧，不能开一言以枉法；虽有千金，不能以用一铢⑧。故知诈贤能者皆作而为善，皆务自治奉公。民愚则易治也，此所生于法明白易知而必行。

【注释】

①皆副：存副本。

②铤钥：门锁。

③受：同“授”。

④秦：当作“奉”。

⑤赍（jī）来：送来。

⑥遇：对待。

⑦修：遵循，按照。

⑧铢：古代重量单位，二十四铢为一两。

【译文】

所有法令都必须复

制一份放在天子的殿中，殿中要给法令建一个带有保险锁的禁室，然后将法令的副本藏入其中，封上禁印，并用封条把门封起来。如果有擅自开启禁室的印封，和进入禁室偷看禁室的法令，以及删改禁室法令一个字以上的，都处以死罪而不赦免。每年一次，将禁室所藏法令颁发给主管法令的官吏核查。天子设置三位法官，宫殿中设置一位，御史设置一位法官及法吏，丞相设置一位。诸侯和郡县也都为他们各设置一个法官和法吏，而且全都比照秦都的法官。诸侯和郡县一旦接到禁室的法令，就要学习并询问法令的内容。官吏和百姓如果想了解法令的内容，都要询问法官。

所以天下的百姓、官吏就没有不了解法令的。官吏明知百姓了解法令，所以他们不敢以非法的手段对

待百姓，百姓也不敢犯法来触犯法官。官吏对待人民不遵守法规行事的，人民就可以向法官询问，法官就可将法令所规定的罪名告诉他们，他们就可将法官的话来警告官吏。所以官吏知道这样的情形，就不敢用非法手段对待人民，人民也不敢触犯法令。如此这样，国内官吏和人民即使有贤良、善辩和狡猾的人，他们也不敢随意开口说一句违法的话；即使拥有千金，他们也不能使用一铢违法的钱。所以，巧诈贤能的人都可以发生改变去行善事，都恪守自律，奉公守法。这样，人民敦厚朴实就容易管治，这是因为他们明白法令易懂而且必须要遵从。

【原典】

法令者，民之命也，为治之本也，所以备民也[①]。为治而去法令，犹欲无饥而去食也，欲无寒而去衣也，欲东而西行也，其不几亦明矣[②]。一兔走，百人逐之，非以兔为可分以为百，由名之未定也。夫卖兔者满市，而盗不敢取，由名分已定也。故名分未定，尧、舜、禹、汤且皆如鹜焉而逐之[③]；名分已定，贪盗不取。今法令不明，其名不定，天下之人得议之。其议，人异而无定。

人主为法于上，下民议之于下，是法令不定，以下为上也。此所谓名分之不定也。夫名分不定，尧、舜犹将皆折而奸之[④]，而况众人乎？此令奸恶大起、人主夺威势、亡国灭社稷之道也。

今先圣人为书而传之后世，必师受之，乃知所谓之名；不师受之，而人以其心意议之，至死不能知其名与其意。故圣人必为法令置官也，置吏也，为天下师，所以定名分也。名分定，则大诈贞信⑤，巨盗愿悫⑥，而各自治也。故夫名分定，势治之道也；名分不定，势乱之道也。故势治者不可乱，势乱者不可治。夫势乱而治之，愈乱；势治而治之，则治。故圣王治治，不治乱。

【注释】

①备：防备。

②不几：不近。

③骛：快走，疾驰。

④折：改道。

⑤大诈：大骗子。

⑥悫（què）：恭谨，诚实。

【译文】

法令是人民的生命，治国的根本，是用来令人民遵守而防备的。

要是为了治理国家而抛弃法令，就如同希望不挨饿却丢弃粮食，希望不受冻却丢弃衣服，希望东行却西走一样，相去甚远是很显然的。一只兔子跑了，一百个人蜂拥而上地追捕，并不是因为捉到兔子后每个人都能分到兔子的百分之一，而是因为兔子的所有权没有确定。市场上有好多兔子在卖，盗贼都不敢去偷，这是因为市场上兔子的所有权是明确的。所以，当事物的名分在没有确定以前，像尧、舜、禹、汤也趋之如骛地追逐；而名分一旦被确定后，贪婪的盗贼也不敢来偷取。如法令不明确，条目不确定，天下人都会进行评议。而且其评议因人而异，各种说法都会有。

君主在上制定法令，百姓在下议论不休，这是法令不定，以下面的议论

代替为上面的意见。这就是所说的名分不定。如果名分不确定，尧、舜尚且都会违背法令而行事，何况普通百姓呢？这样就使奸恶之人大量出现，君主丢失权威，这是国家社稷灭亡的道路。好比古代圣人著书，流传于后世一样，必须由师傅教授，才能知道其具体的内容，如没有师傅传授，人人都以自己的想法来解读，这样到死时也不能知道该书文字的具体意思。所以，圣人一定要给法令设置法官、法吏。设置法官让他做天下人的老师，就是为了确定名分。名分确定了，大奸之人可以变得正直诚实，大盗之人也都变得恭谨，而且人人都能约束自己。所以确定名分，是治理天下的办法；名分不确定，社会形势就会更加混乱。所

以社会得到治理形势就不会乱，社会形势混乱就得不到治理。如果社会形势在错综混乱中再加以治理，就容易更乱；社会形势在治理中得到进一步治理，则会安定大治。所以，圣王要在社会得到治理的情况下来治国，不是在社会形势错综混乱的情况下来治国。

【原典】

夫微妙意志之言，上知之所难也。夫不待法令绳墨①，而无不正者，千万之一也。故圣人以千万治天下，故夫知者而后能知之②，不可以为法，民不尽知。贤者而后知之，不可以为法，民不尽贤。故圣人为法，必使之明白易知，名正③，愚知遍能知之。为置法官，置主法之吏，以为天下师，令万民无陷于险危。故圣人立天下而无刑死者，非不刑杀也，行法令，明白易知，为置法官吏为之师，以道之知④。万民皆知所避就，避祸就福，而皆以自治也。故明主因治而终治之，故天下大治也。

【注释】

①绳墨：此指规矩。

②知者：聪明人。知之：理解的东西。

③名正：概念明确。

④道：同“导”。

【译文】

深奥微妙的言论，即使上等才智的人理解起来也比较难。就算不需要法令规矩的约束而行为都端正的，在成千上万的人中可能只有一个。圣人是针对千万人来治理天下，所以只有智者才理解的东西是不能用来作为法令，因为百姓不是人人都是智者。贤能的人理解后，别人才能慢慢理解的东西，也不能用来作为法令，因为民众并非人人都是贤能。所以圣人制定法令一定要使它明白易懂，确定的名分，愚人、智者要都能理解。为百姓设置的法官，设置负责法制的法吏，作为百姓的老师，必须使万民不致迷茫地陷入触犯法令的危险境地。所以圣人掌握政权，天下没有受刑被杀的人，并不是他不用刑法杀人，而是圣人推行的法令让人民明白易懂，又为人民设置法官、法吏来做他们的老师，教他们理解法令。这样，万民都知道应避开什么、贴近什么，知道怎样避开祸患，接近幸福，而且人人都能把控自己。所以，圣明的君主在引导人民自治的基础上来进行国家的治理，天下就得到大治了。